Mulher

Um projeto sem data de validade

Malcolm Montgomery

Mulher
Um projeto sem data de validade

EDITORA

Copyright © 2011 Dr. Malcolm Montgomery
Copyright © 2011 Integrare Editora e Livraria Ltda.

Publisher
Maurício Machado

Supervisora editorial
Luciana M. Tiba

Assistente Editorial
Deborah Mattos

Coordenação editorial
Estúdio Sabiá

Capa, projeto gráfico e diagramação
Nobreart Comunicação

Edição de texto
Hebe Ester Lucas

Revisão
Capitu Escobar de Assis
Silvia Carvalho de Almeida
Ceci Meira

Crédito foto Adriane Galisteu
André Schiliró

Crédito foto Ana Hickmann
Valério Trabanco

Crédito foto Carla Regina
V& RC Editora / Gustavo Mendes

Crédito foto Luiza Tomé
Drauzio Tozzolo

Crédito foto Malcolm Montgomery
João Passos

Dados Internacionais de Catalogação na Publicação (CIP)
(Câmara Brasileira do Livro, SP, Brasil)

Montgomery, Malcolm
    Mulher : um projeto sem data de validade / Malcolm Montgomery.
– São Paulo : Integrare Editora, 2010.

    Bibliografia.
    ISBN 978-85-99362-65-5

    1. Feminilidade (Psicologia) 2. Ginecologia 3. Hormônios femininos
4. Médico e paciente 5. Mulheres - Condições sociais
6. Mulheres - Comportamento sexual 7. Mulheres - Psicologia
8. Saúde da mulher I. Título.

11-02686	CDD-155.633

Índices para catálogo sistemático:
1. Mulheres : Psicologia   155.633
2. Psicologia feminina   155.633

Todos os direitos reservados à
INTEGRARE EDITORA E LIVRARIA LTDA.
Rua Tabapuã, 1123, 7º andar, conj. 71-74
CEP 04533-014 – São Paulo – SP – Brasil
Tel. (55) (11) 3562-8590
Visite nosso site: www.integrareeditora.com.br

Sumário

Prefácio 06

Às mulheres, 35 anos depois... 10

Múltipla escolha... 16

1. O médico e a paciente: o que mudou nessa relação 34

2. O corpo feminino, suas dores, prazeres e mistérios.................... 48

3. Infância: na menina, esboça-se a mulher................................. 58

4. Adolescência: entram em cena os hormônios............................. 72

5. Dos 25 aos 40 anos: entre a maternidade e o prazer 108

6. O poder feminino e suas faces mais sombrias............................196

7. O segundo tempo da maturidade 218

Conclusão – A nova Eva e o velho Adão 254

Carta aberta a uma grande mulher 262

Bibliografia..265

Prefácio

Um tratado sobre a mulher

Em 2010, ao filmar *Sonhos roubados*, uma adaptação do livro *Meninas da esquina*, estive em contato com o duro universo feminino em uma comunidade. Essa vivência me fez refletir muito sobre como a vida dessas meninas é complicada por causa de uma introdução à vida sexual perturbada. Gravidez precoce, abuso e prostituição são algumas das duras experiências pelas quais elas passam. Mas essas meninas fortes lidam com isso sem nunca deixar de lado o romance, nem os sonhos juvenis.

Ao ler o livro de Malcolm, me chamaram a atenção a clareza e a leveza ao tratar temas tão carregados de tabus. Pareceu-me uma excelente forma de instruir, explicar e desmitificar questões tão importantes e presentes na sociedade contemporânea. A relação com o corpo e o sexo mudou bruscamente nas últimas décadas, trazendo muita liberdade. Contudo, essas mudanças não chegam a todos e às vezes são recebidas sem as informações necessárias para conseguir administrá-las.

Este trabalho toca nas questões mais importantes da mulher moderna. Ao trazer informações e novidades sobre a saúde feminina, ajuda a mulher a ocupar cada vez mais seu novo espaço na sociedade. A medicina permite que ela seja mais feliz. Ao oferecer conforto e liberdade, aumenta as possibilidades de ser dona de seu próprio corpo, de sua sexualidade e de suas decisões.

Vejo neste livro a oportunidade de tratar de questões individuais de cada mulher, seja ela jovem ou não, com uma linguagem acessível. Sua escrita fácil de ler e entender, somada à inserção de músicas e exemplos, formam um conteúdo rico e interessante. Usando as próprias palavras de Malcolm, "é a arte como forma de comunicar a ciência".

Sandra Werneck
Cineasta

A Paulo Schmidt Goffi e José Wilson dos Anjos (*in memoriam*).
A Elsimar Coutinho, Lucas Vianna Machado,
Wolber de Alvarenga, Décio Noronha e Caio Parente Barbosa.
Profissionais da saúde que, além da competência
técnico-científica, têm uma "alma feminina" e dedicam
(ou já dedicaram) suas vidas às mulheres.

O MALCOLM É UM DESSES RAROS AMIGOS COM QUEM A GENTE PODE CONTAR SEMPRE. É esta sensibilidade, associada ao seu talento científico que fazem dele um dos melhores ginecologistas do Brasil.

Adriane Galisteu

CONHECER O DR. MALCOLM FOI ALÉM DE UMA RELAÇÃO MÉDICO-PACIENTE: ele me fez sentir parte da evolução de uma medicina para as mulheres que tornou a minha vida muito melhor. Após 6 anos de uso do implante, posso afirmar que os usuais desconfortos que envolvem a menstruação nunca mais apareceram. O melhor de tudo foi a mudança radical que tive em minha textura muscular.

Ana Hickmann

FIZ O IMPLANTE HÁ CINCO ANOS E MEIO E É INCRÍVEL COMO MINHA VIDA MUDOU. Foram vários benefícios; as enxaquecas que eram muitas, diminuíram; o inchaço no corpo também sumiu. Eu, que trabalho com o vídeo, estou sempre exposta à luz e preciso estar em forma. Sem falar que é verdade: a TV engorda. Então sempre que estava inchada me sentia feia e desconfortável para fazer o meu trabalho. Trabalhar e viver com dor de cabeça é terrível! O implante me deixou mais segura ao eliminar coisas que me faziam mal. Facilitou muito minha vida.

Carla Regina

É DIFÍCIL EXPRESSAR EM PALAVRAS A ADMIRAÇÃO, O CARINHO E A AMIZADE QUE TENHO PELO MALCOLM. Seus conhecimentos com os implantes hormonais associados com a psicologia da mulher, tem contribuído para estabilizar minha vida pessoal e profissional. Um ginecologista humano e suas modernas técnicas são fundamentais para equilibrar a mulher, a esposa, mãe e atriz.

Luiza Tomé

Às mulheres, 35 anos depois...

Poemas e músicas inspiram a discussão sobre o amplo, contraditório e admirável universo feminino, com suas dores e prazeres, seu poder e mistério. Este livro nasceu de uma ideia ousada: a crença na arte como forma de comunicar a ciência.

Parte essencial da minha caminhada, a arte capta o presente, o passado e o futuro, congelando tudo em imagens que tendem a ser contestadas pela porção mais conservadora da sociedade. Quando comecei a escrever à mulher, minha experiência clínica datava de 20 anos de formado.

Mesclei observações sobre temas de ginecologia com letras de Chico Buarque de Holanda e Vinicius de Moraes, que tão bem souberam traduzir a alma feminina. E, assim, de um jeito modesto, pude reverenciar esses geniais brasileiros, que tanto admiro.

O resultado foi um texto reflexivo, educativo e polêmico. Além de apresentar situações reais e práticas para ajudar a mobilizar os recursos e potenciais adormecidos em cada mulher, ele questiona o velho, o estagnado, o conservador, o estereotipado e o pseudomoderno em relação ao novo, dinâmico, atual, criativo e verdadeiramente moderno.

Quinze anos se passaram desde que comecei a escrever as primeiras páginas. Ao revisar minhas primeiras reflexões para uma continuação

Mulher

do texto, constatei — em alguns momentos com entusiasmo, em outros com grande pesar — que a maior parte do conteúdo permanece atual. A despeito das mudanças que aconteceram na sociedade, algumas questões continuam à espera de solução.

Não gosto de rótulos. Mas, como médico e professor, vejo que é possível classificar o país em Brasil escolarizado e Brasil pouco ou não escolarizado, independentemente da região.

Em locais onde a escolaridade trouxe educação e cultura, os códigos são mais igualitários entre homens e mulheres, ou seja, a dupla opressor/oprimido é menos frequente, e a mulher tem direitos e deveres mais semelhantes aos homens.

No Brasil menos escolarizado, persistem valores retrógrados. Sem oportunidade de estudar e obter autonomia financeira, a mulher se submete aos subempregos, desvaloriza-se na prostituição velada ou aberta, aguenta parceiro violento e ainda protege marido agressor e pai incestuoso. Essa realidade repercute na saúde física, emocional e comportamental.

Por isso, ainda é preciso balançar a estrutura de mulheres que continuam submetendo-se passivamente ao homem, à sociedade e à natureza. E valorizar a busca da autonomia econômica e social.

É preciso condenar o machismo. Que fique bem claro: o machismo do homem e o da mulher. O Legislativo é parcial e injusto nos assuntos femininos, como também é injusto e parcial nas questões referentes ao homem que se divorcia.

Ainda é tempo de questionar a visão ingênua de que a natureza não é agressiva nos assuntos reprodutivos. E, por que não, de aliviar esses sofrimentos de maneira madura, não paternalista.

Será que para cumprir as funções de transcendência, como fêmea da espécie, a mulher não pode adaptar sua natureza, sua sexualidade e sua feminilidade? Será que o id (instinto), o ego (pessoa) e o superego (censura) não podem conviver sem tantos antagonismos?

Talvez eu esteja escrevendo o óbvio, porém é comum não enxergarmos esse "óbvio". Ficamos inebriados com nossos delírios e nos alienamos do que está na nossa cara.

Às mulheres, 35 anos depois...

É preciso lidar com nossa biologia e nossas emoções mais profundas, em um mundo em transformação constante, de modo flexível e sensato. Afinal, foi essa grande capacidade de adaptação ao ambiente — e nossa competência em processar novas experiências — que fez de nós a espécie que mais se diferenciou entre os seres vivos.

"Saúde" é dar respostas de adaptação, em pouco tempo, aos novos desafios. A ginecologia e a psicoterapia moderna estão aí para ajudar.

A ciência e a tecnologia colaboram muito no diagnóstico e no tratamento. Porém, no que se refere aos aspectos emocional, sociocultural e religioso, ainda temos muito a evoluir.

Sem dúvida, iniciamos um novo século com muita fé e esperança quanto ao novo que está surgindo, mas com um pé nas antigas crenças. Os contrastes são enormes.

O jornal *O Globo* estampa na capa de sua revista de domingo o caso de uma mulher adúltera condenada à morte por apedrejamento no Irã e também traz uma grande matéria sobre o aumento das casas de suingue no Rio de Janeiro. Segundo o repórter, ali o marido pode observar a mulher mantendo relações sexuais com parceiros de ambos os sexos.

A amplitude do leque de comportamentos que abrange a sexualidade humana cresceu muito. Códigos e culturas diferentes e muitas vezes de difícil compreensão convivem num mundo que encolheu com a globalização e a mídia explorando o erotismo recalcado em anos de repressão.

No início da minha carreira profissional, há 35 anos, ainda se discutia virgindade, pílula anticoncepcional, gonorreia e masturbação, tudo envolvido pela sombra do tabu, do escondido, do pecado e da culpa. Parece até que se passaram séculos, e não décadas.

O estetoscópio de madeira, antes tão eficiente para auscultar os batimentos cardíacos do nenê, perto do atual ultrassom se compara ao arco e flecha diante dos mísseis teleguiados. A retirada do útero por videolaparoscopia, a ressonância magnética e a mamografia digital transformaram de tal forma a ginecologia que falar em contrações e dores do parto vaginal soa como selvageria diante da cesariana asséptica e indolor.

Mulher

Nesses novos tempos, com tecnologia de ponta, autonomia econômica, medicamentos modernos, alimentação balanceada, o incentivo cada vez maior à prática regular de atividades físicas, o estímulo à criatividade para além da maternidade, a facilidade para conhecer culturas diversas, a progressiva perda de força das religiões castradoras e do *lobby* favorável ao cigarro e ao álcool, precisamos ver a mulher com outros olhos. O ginecologista do século XXI não pode mais encarar sua paciente como foi ensinado na faculdade há duas ou três décadas.

Hoje temos de analisar, diagnosticar e clinicar com uma visão futurista. A mulher de hoje é um projeto para, no mínimo, 80 anos. Uma visão microscópica, pequena, limitada, talvez mais atrapalhe do que ajude.

Assim, quando um obstetra assiste um parto vaginal de gestante com feto grande e o trabalho de parto se alonga, ele é guiado pela visão micro. Ou seja, não pensa grande. Só vê a mulher naquele momento, não foca sua sexualidade futura. Não pensa nas dificuldades que um períneo frouxo e alargado pode criar para a sexagenária na hora de sentir o pênis do parceiro. Também não leva em conta o abalo à autoestima feminina se, ao gargalhar ou espirrar, ela começar a perder urina, ainda que esteja "inteira" física e emocionalmente.

Isso também significa que, ao indicar um anticoncepcional a uma jovem de 20 anos, o médico deve considerar que essa garota provavelmente deseja terminar a faculdade, fazer pós-graduação, morar no exterior e só ter filho lá pelos 32 anos. Por isso, o contraceptivo deve ser escolhido com esta visão macro: além de evitar a gravidez, deve ser um método que afaste as chances de ter endometriose e problemas de fertilidade no futuro.

Esse novo cenário pede uma reavaliação das clássicas e, muitas vezes, preconceituosas condutas médicas.

Por isso, resolvi batizar este texto de abertura de "35 anos depois". Tudo o que registro aqui vem da escuta atenta da mulher que, nesses 35 anos de clínica e 60 de vida, aprendi a conhecer, admirar e respeitar. Como bom observador, pude reunir um rico material para discutir o novo que tenta se impor a velhas crenças e tabus.

Às mulheres, 35 anos depois...

Ainda me considero um eterno aprendiz do complexo *homo sapiens*, em muitas situações mais *homo* e pouco *sapiens*. Ainda assim, instigante, particularmente na sua versão feminina, que será desvelada nas páginas seguintes.

Múltipla escolha

Somos a soma de nossas escolhas. Uma das mais difíceis é a escolha da profissão. São tantas as opções hoje que os jovens muitas vezes se perdem. Uma coisa é escolher uma calça *jeans* numa vitrine com cinco modelos; outra é tomar essa decisão quando há 35 tipos de calças disponíveis. Muitas profissões em um painel. Por isso, nas palestras dirigidas aos jovens, insisto que todos temos um dom dentro da alma. É ali que devemos buscar referência para a nossa escolha vocacional, e não no painel de profissões.

Poucos jovens têm liberdade e incentivo para escolher a profissão pela paixão e por seu dom. Eu tive essa chance e agradeço minha família por não interferir. Tentei retribuir, proporcionando aos meus filhos a mesma liberdade. Um se tornou *chef* de cozinha e o outro, publicitário. Seguiram seus dons e estão felizes no início de suas carreiras.

O trabalho oferece gratificação e autoestima quando é feito com prazer porque é a única experiência na vida capaz de concorrer com o amor. Por isso é até compreensível que um médico dedicado seja até um pouco obsessivo nos primeiros anos de carreira, quando passa a maior parte do tempo dentro de hospitais. A ânsia de encontrar um lugar no mercado, somada à vaidade – sentimento às vezes negado, mas que em doses certas

Mulher

pode despertar uma energia saudável — inspiram a luta pelo reconhecimento do seu trabalho. Quando era recém-formado, após a residência médica, eu me dividia entre cinco empregos, muitos plantões, atendendo não só à ginecologia, como também à clínica geral. Com o amadurecimento fui aprendendo que, para a saúde comportamental, é preciso dividir o nosso tempo em amor, trabalho e lazer, em proporções mais ou menos iguais.

Às vezes, surpreendo-me refletindo por que nunca tive dúvidas quanto à minha escolha profissional. Quais seriam os motivos tão firmes que me levaram a abraçar a medicina?

Ainda menino, recordo quanto meus pais e avós valorizavam aquela figura importante, o médico de família; provavelmente está aí a minha primeira motivação. Como todo primeiro filho e primeiro neto, não devo ter escapado das neuroses familiares relacionadas às fantasias, projeções e idealizações desse personagem. Minha avó materna, a figura feminina mais forte em minha vida, adorava médicos.

Lembro-me de uma cena, lá pelos 7 anos de idade, em que eu brincava no jardim quando chegou o médico para visitar meu irmão, que estava doente. Até hoje tenho a sensação de que as azaleias, os lírios e as hortênsias o reverenciavam. Não me esqueço de um beija-flor verde-azulado que rodeou várias vezes aquele homem como se, alegremente, desse a ele as boas-vindas. Uma sensação mágica me envolveu.

Corri e, por uma fresta da porta do quarto, espiei aquela figura sentada à beira da cama. Suas mãos delicadas tocavam a barriga do meu irmão enquanto ele sorria e, com voz mansa, acalmava a expressão dolorosa e sofrida de seu paciente. Então, ele abriu uma maleta e pareceu-me que dali retirou esperança, conforto e alento.

Quando se levantou para sair, aparentava ser bem maior do que ao entrar. Um homem alto, bonito, cabelos grisalhos. Fugi depressa para um dos meus esconderijos, embaixo da escada. Não me lembro de quanto tempo fiquei ali, pensando naquele personagem, misto de herói e santo. Com que respeito ele era tratado pelos meus familiares!

Em outro dia, ele veio vestido de branco... Nós, meninos da época, adorávamos uniformes: de policial, guarda rodoviário, soldado, bombeiro. Poderoso, respeitado, admirado, sábio, o médico conhecia os mistérios do corpo e, com algumas poções mágicas, pôs meu querido irmão em pé. Acredito que aí esteja minha primeira grande identificação. Nunca fiz teste vocacional e sempre quis ser médico.

Na adolescência, influenciado por dois grandes ídolos — Pelé e John Lennon —, tive meus delírios de ser jogador de futebol e roqueiro. Mas sabia, no íntimo, que meu maior desejo era entrar na faculdade de medicina.

Passado o sofrimento do vestibular, devo ter sido um dos calouros mais felizes com a careca. No terceiro ano do curso, me entusiasmei pela cirurgia geral, mas o entusiasmo durou pouco. No ano seguinte, 1974, participei de um concurso e ingressei na Maternidade São Paulo. Prática inicial, enfim, de ginecologia e obstetrícia.

Vinte anos depois, em 1994, ao fazer uma palestra no Instituto da Criança da USP, tive a grata surpresa de ver, na primeira fileira do anfiteatro, o médico que tanto me inspirou na infância. O dr. Azarias de Carvalho estava ali, com seus 80 e poucos anos, para me ouvir. Foi uma grande emoção revê-lo. Ao final da palestra pedi mais dois minutos para contar ao auditório a nossa história e todos puderam compartilhar essa emoção.

Por que um ginecologista

A escolha da especialidade também é motivada por diversos fatores.

É fácil deduzir que o anestesista não goste muito de conversar: afinal, ele põe logo o paciente para dormir! Já o cirurgião é um pouco agressivo e sádico, pois está sempre armado de um bisturi. De modo geral, os cirurgiões são poucos tolerantes. Cansei de auxiliar figurões da cirurgia que histericamente jogavam bisturis e pinças no chão, culpando a instrumentadora por não escolher o mais afiado. O clínico é mais político, enquanto o radiologista prefere a imagem do doente. Já o pediatra nunca será questionado pelo seu paciente. O ginecologista e obstetra também tem suas características peculiares.

Mulher

O que leva um homem a cuidar de mulheres?

No meu caso, eu já cuidava de uma mulher antes da adolescência, mas levei muito tempo para descobrir isso. A imagem que eu tinha de minha mãe era de uma mulher sacrificada e frágil.

Eu era o filho mais velho, o homenzinho mais próximo para prover minha mãe de cuidados. Várias vezes tive de correr para ajudá-la em alguma dificuldade ou para buscar um remédio.

Esse não foi o único fator que pesou na minha escolha.

Confesso que há certo *voyeurismo* em todos nós, ginecologistas. Somos autorizados legalmente a olhar, observar, vasculhar e tocar o corpo da mulher. Esse *voyeurismo* ultrapassa o corpo. Entramos, também, nos segredos mais íntimos da alma feminina.

Existem, quase sempre, cumplicidade e uma grande intimidade entre o ginecologista e a paciente. O encontro da *anima*, segundo Carl Gustav Jung. A busca da intimidade com o feminino. Às vezes há também muito ódio e agressividade inconsciente.

Conheci um ginecologista que operou a própria mãe oito vezes, retalhou-a como Jack, o Estripador, autorizado que estava a cortar, vestido de branco. E o pior, adorava contar os detalhes: da hemorroida até a mama.

Interessante! Muitas vezes, a confiança que depositam em nós nos transforma no clínico geral das mulheres. Já atendi desde filho até cachorro de paciente. Mas talvez o que mais pesou na minha escolha foi a sensação de que, na ginecologia e obstetrícia, predominava a medicina preventiva, portanto, a saúde e a vida, enquanto nas outras enfermarias o mais prevalente era a sensação de doença e morte.

Foco na saúde ou na doença?

A tendência de um vendedor de automóveis é sempre valorizar a troca de carro, para vender mais e ganhar dinheiro.

Da mesma forma, o médico vive da doença. Torna-se fácil entender, então, que sua tendência (inconsciente) seja valorizar a doença.

Infelizmente, somos treinados para isso. A maioria de nós é mais receptiva à doença do que à saúde.

Lembro-me da euforia do médico-residente, exclamando para os colegas da equipe:

— Vocês viram o tumor do leito 5?

No leito 5 havia uma mulher com mioma. Essa pessoa não tinha nome nem história; no entanto, o tumor foi nomeado e provavelmente existia em decorrência de uma condição x ou y.

Costumo dizer que um sujeito muito perigoso para a sociedade é um médico endividado. Por mais bem-intencionado que ele seja, na aflição de cumprir seus compromissos, tende a indicar uma cirurgia nem sempre necessária, impulsionado por motivações "inconscientes". Digo isso porque já passei por essa experiência e, se não estivesse fazendo terapia, na época, sem dúvida teria transformado em ação as minhas motivações.

Nos últimos 40 anos, a medicina e o médico vêm perdendo um crédito que, desde Hipócrates, a comunidade lhes havia outorgado: o respeito.

O chamado "pai da medicina" proclamava sem cessar a necessidade de estudar o homem tanto no seu meio físico quanto no ambiente psíquico. Aconselhava seus pupilos a só exercer a profissão em determinada cidade depois de observarem cuidadosamente os ventos dominantes, a precisão da água, a natureza do solo, os costumes do povo, suas crenças e tendências nas relações amorosas. A escola hipocrática revela constante preocupação em estabelecer relações entre o corpo e a alma, o médico e o paciente.

A imagem e o rótulo

Pela forma como vem sendo praticada hoje, contudo, a medicina tem se distanciado do ideal defendido por Hipócrates. Uma das experiências mais insólitas que já vivi serviu para confirmar essa percepção.

Há seis anos fui convidado pelo corpo editorial da revista *Playboy* para ser o entrevistado do mês da edição de outubro. Soube que havia

Mulher

sido indicado pela relevância do meu trabalho na clínica, nas cirurgias, na educação em saúde, por meio dos livros, palestras, entrevistas no rádio e na TV. Mas sobretudo por ter participado do seriado *Mulher*, da Rede Globo, que foi considerado de utilidade pública ao contribuir para a prevenção do câncer ginecológico, das doenças sexualmente transmissíveis (principalmente aids e HPV) e da gravidez na adolescência, além de promover a educação da sexualidade e de divulgar os modernos anticoncepcionais que suspendiam a menstruação, as novas técnicas de reprodução assistida e a importância do pré-natal.

O convite me deixou lisonjeado. A *Playboy* é a segunda revista mais vendida da editora Abril, só perdendo para a *Veja*.

O jornalista Carlos Amoedo leu todos os meus livros, conversou com meus filhos, assistiu às palestras e levou vídeos de várias entrevistas minhas da televisão. Conversamos durante uma semana e eu adorei o profissionalismo dele.

Obviamente, muitas respostas minhas foram editadas para que a entrevista coubesse no espaço de 12 páginas.

O jornalista fez uma pergunta interessante comparando imagem e rótulo: "Por que com o dr. Drauzio Varella, que sempre está na televisão, escreve livros e também é casado com uma atriz da Globo, não existe uma polêmica tão grande quanto com o seu nome?".

Transcrevo a seguir a minha resposta:

"É muito simples, a psicanálise explica. Drauzio, que foi meu professor no curso Objetivo e a quem eu respeito muito, tem uma aparência mais séria, escreve sobre câncer, aids, doença terminal e morte. Eu tenho uma aparência mais descontraída, escrevo sobre saúde, prazer (sexualidade), medicina preventiva, ou seja, sobre como viver bem. O inconsciente coletivo das pessoas aceita muito mais a tragédia, a doença e a morte, associando esses temas à medicina austera, séria e conservadora, e saúde, orgasmo e beleza como temas fúteis. Isso gera uma associação entre imagem e rótulo que não tem nada a ver com conteúdo, porém a mente humana funciona assim, no emocional".

A medicina preventiva aos poucos está sendo vista com mais seriedade. Porém, a imagem do médico às vezes conta mais que o conteúdo. Quando tem pouco cabelo, usa óculos, paletó e gravata, parece mais "confiável" do que o profissional que prefere *jeans* e tênis. Mesmo que a gravata não ofereça garantia de preparo técnico-científico para atender de forma adequada, carinhosa e ética suas pacientes.

Como era de esperar, a publicação de entrevista gerou uma repercussão, com ganhos e perdas. Muitas pessoas amaram e muitas reagiram mal diante da honestidade das minhas declarações.

Uma das reações negativas partiu do Conselho Regional de Medicina. Acatando uma queixa de um médico do Nordeste (não me lembro de que cidade), o órgão instaurou um processo administrativo para avaliar o porquê da entrevista na *Playboy*.

Tive de me defender em dois pontos. Primeiro, porque aceitei dar entrevista para essa revista que fala sobre sexo. Segundo, porque fui honesto nas respostas. Depois de um ano em que o processo correu dentro do CRM, fui inocentado dos meus dois "crimes".

Carlos Amoedo explicou as razões da escolha do meu nome em uma carta que fez parte da minha defesa: "Ele faz um excelente trabalho na área de saúde feminina. Achamos interessante que ele esclarecesse em nossas páginas algumas dúvidas que rondam a cabeça de nossos leitores a respeito das mulheres com que eles convivem (como mãe, namorada, mulher, irmã e amiga). O dr. Malcolm teve a decência e a ética de não citar nomes das pacientes quando o assunto relacionado a elas era extremamente delicado ou quando não tinha o consentimento das mesmas. As pacientes, cujos nomes foram citados, autorizaram o médico a fazer isso".

Ao concluir sua carta, Amoedo destacou a importância do trabalho preventivo e da educação para a saúde: "Se mais médicos viessem a público esclarecer as dúvidas que rondam a mente das pessoas, tenho certeza de que não teríamos tantos problemas de relacionamento em nossa sociedade.

Mulher

Infelizmente, de uma maneira geral, os médicos costumam ficar enclausurados em hospitais e consultórios à espera das pessoas em vez de ir até elas. Ainda bem que o dr. Malcolm é uma das exceções".

No olho do furacão

Meu destaque na mídia é fruto de um longo trabalho iniciado há quase quatro décadas, e não resultado de algum plano de marketing. Nunca tive assessoria de imprensa.

Durante os seis anos de faculdade, dei aula de química e biologia em colégios e cursinhos preparatórios para o vestibular. O dinheirinho que entrava aliviava as despesas do meu pai. Por causa disso, fui chamado para dar aula no Telecurso, da TV Cultura (SP).

Recém-formado, passei a dar dicas em entrevistas a um programa educativo chamado *Revista de Mulher*. Um ano depois fui convidado para apresentar o programa *Saúde*, da TV Cultura. Era ao vivo. Eu adorava participar da produção! E, assim como todo médico jovem, ia orientando os funcionários que me solicitavam ajuda, do faxineiro ao diretor. Esses funcionários foram mudando para outras emissoras e me indicavam para programas referentes à mulher.

E, desse modo, sempre recebi convites para participar de entrevistas em rádio, TV, jornais e revistas, antes mesmo do trabalho de consultor do seriado *Mulher*, da Rede Globo.

Mas aí vale a pena lembrar a frase do meu querido Tom Jobim: "No Brasil, o sucesso ofende". A inveja é um dos sentimentos mais terríveis e deletérios à saúde. Freud nos mostrou com brilhantismo que esse sentimento faz parte do desenvolvimento afetivo e pode nos levar a dois caminhos: ajudar a ver a diferença e saudavelmente respeitá-la ou, ao contrário, não aceitar e querer possuir o que o outro tem, suas qualidades e seus dons ou, ainda pior, tentar agressivamente destruir o que o outro construiu.

Na criança, a inveja surge naturalmente. Quando um menino de 5 anos sente-se ameaçado pela presença de um irmão que tem qualidades diferentes das suas, ele pode tentar adquirir essas qualidades de forma voraz e agressiva. Aos poucos, no entanto, a tendência saudável é ajustar uma adaptação a essa diferença.

Espera-se que esse processo já esteja bem elaborado no adulto e ele saiba canalizar essa energia do mal para o bem. Infelizmente, porém, alguns se fixam nessa fase. Às vezes, pessoas com as quais convivemos na família, no trabalho, nos clubes, nas instituições.

Repito aqui o que já disse aos meus filhos nas pescarias que compartilhamos: "Vamos andando em frente. Se não nos preocuparmos com as aranhas, os escorpiões e as cobras, esses animais não terão chance de nos envenenar. Foquem o seu objetivo, vão em frente, façam um bom trabalho, que esses animais peçonhentos vão ficar para trás".

O maior segredo para viver entre essas criaturas é não assustá-las. As cobras estão sempre à espreita, mas só atacam quando estão com medo. Para não assustá-las, é preciso caminhar em passos leves, sem fazer alarde. Falar pouco, só o necessário. Manter as antenas aguçadas, ouvir mais. Demarcar bem o seu espaço e protegê-lo.

A cobra não sabe demarcar espaço, por isso vive assustada. Ela é rasteira. Enxerga de baixo para cima. Não consegue alçar voo e ampliar horizontes.

O ser humano pode e sabe.

Como somos um pouco mais evoluídos, temos de elaborar uma estratégia de convivência. Precisamos identificar as cobras e estabelecer a distância certa, para que, em caso de um "bote", elas caiam em espaço morto, sem alcançar a nossa perna.

Estabelecida a distância, a relação fica mais tranquila. Quando você demarca bem o seu espaço, a cobra não entra nele. O medo e a confusão desaparecem.

Do contrário, ela fica desorientada e invade. Uma cobra desorientada é um perigo! E se nós nos perdemos em sua desorientação, ficamos à mercê dela. Nós nos assustamos com ela e ela, conosco.

Mas não se esqueça do que diz a sabedoria caipira e confirma a genética: "Uma cobra é uma cobra, jamais se transformará em uma

Mulher

borboleta ou em um canário alegre e cantador". Da mesma forma, um invejoso adulto jamais evoluirá para um espírito solidário e amoroso.

Logo, é preciso ligar o instinto e apurar a inteligência para diferenciar com fé e esperança aqueles que voam suavemente como as borboletas, cantam alegremente como um sabiá e que têm no olhar o brilho generoso de um fiel cachorro.

Um grande *business*

Todas as escolas ocidentais e orientais evoluíram técnica e cientificamente. As especialidades se multiplicaram e, diretamente proporcional ao desenvolvimento técnico, cresceu a desumanização da medicina. Hoje, medicina é *business*!

A América, com sua cultura do descartável, também descartou o paciente e chegamos, assim, a uma medicina de equipamentos sofisticados e caros, sem sentimentos, emoções e alma.

Nós, médicos, somos uma classe absurdamente conservadora e preconceituosa.

Profissão difícil! A pessoa se vê cercada diariamente de sofrimento, ansiedade e morte. Mas, em vez de se humanizar, a maioria de nós endurece, já que a necessidade econômica, a avidez pelo lucro e a produção em série de dezenas de exames por dia tornam o atendimento mecânico, inexpressivo e frio.

Na fúria das explicações objetivas e das grandes estatísticas, os narcísicos serviços universitários transformam o indivíduo em números. São centenas de laparoscopias, histeroscopias e ultrassonografias, sem ao menos ver o rosto das mulheres. Muitas vezes, só se enxerga o monitor quando o diagnóstico está nos olhos da paciente.

Não adianta gastar bilhões de dólares com a saúde sem antes reformar radicalmente os processos de atendimento. O combate aos nossos problemas críticos virá por meio da criatividade. Não vale a pena esperar a reforma burocrática da universidade, porque só a imaginação

Múltipla escolha

funciona por atalhos. Precisamos de criatividade para combater a miséria humana e a miséria das ideias, como foi demonstrado pelo Projeto Aprendiz, fundado em 1997 pelo jornalista Gilberto Dimenstein, que integra escola e comunidade, transformando bares, lojas e livrarias em salas de aula informais. Esse projeto, aliás, foi considerado modelo mundial de educação pela Unesco.

Também é necessário questionar as verdades transmitidas por nossa cultura, não aceitar tudo o que nos passa a geração de professores de medicina "mais academicamente correta", os detentores do poder.

Em medicina, como em outras áreas profissionais, não pode haver massificação. Todo médico tem o direito de analisar cada situação de acordo com sua experiência e conhecimento acumulados ao longo da vida pessoal e profissional.

É preciso ter muito cuidado com os "falsos mestres" que perambulam pelos congressos médicos. A grande maioria não tem "experiência clínica" e vende ideias de referências de outros.

E muito cuidado com a sedução da indústria farmacêutica. Call Elliot, professor de bioética da Universidade de Minnesota (EUA), denuncia em seu livro como doutores influentes assinaram artigos científicos fantasmas em troca de altas somas.

Jamais ignore sua própria experiência, sua percepção, seu conhecimento e sua visão de tudo isso. A esse conjunto chamamos sabedoria.

Ao nos conscientizarmos do impacto de nossas atitudes e de nossas ações terapêuticas para com aqueles que nos procuram vulneráveis e fragilizados, nós, médicos, podemos começar a influenciar o mundo.

O verdadeiro papel do médico

A *persona* do pajé, a dança do curandeiro, a magia do xamã, o altruísmo do sacerdote e a longa conversa à beira do leito nos ensinaram que, independentemente do conhecimento técnico-científico, o exercício da medicina sempre foi uma arte.

Mulher

Na verdade, a obra do médico ginecologista é cuidar da saúde geral, sexual e reprodutiva da mulher, valorizando cada uma delas. É um trabalho preventivo que só em uma segunda etapa passa a ser curativo: diagnosticar e tratar com eficiência a doença da mulher, sempre considerando os possíveis riscos e benefícios de qualquer droga e cirurgia.

A relação sempre determina o processo da ajuda. A pessoa com mais poder na relação é responsável por esse processo. A consciência dessa responsabilidade é o que nos torna éticos.

Proponho outra abordagem (já sugerida na Antiga China): os médicos deveriam ganhar dinheiro para manter a saúde, o bem-estar e a alegria de viver. Se uma pessoa adoecesse, o médico trataria dela, mas nesse caso ganharia menos; assim, seríamos profissionais mais interessantes e interessados na saúde.

Do contrário, valoriza-se apenas a doença.

O lado radiante da especialidade

O ginecologista e obstetra lida muito mais com a sequência da vida do que com a morte, com a saúde do que com a doença, com o prazer do que com a dor. É uma especialidade poética e lírica, pois o universo feminino é bem mais interessante, misterioso e enigmático do que o masculino. Se aumentarmos a luz, o escuro vaginal e uterino desaparecerá. Lembrando Guimarães Rosa: "É aos poucos que o escuro se torna claro".

Como médico de mulher, cuido de tudo o que se refere ao sexo feminino, eventualmente, até do seu companheiro e do relacionamento entre eles. O companheiro "vem junto" com o problema sexual, a escolha do anticoncepcional, o pré-natal, o aconselhamento genético, a infertilidade do casal, a menopausa, as doenças sexualmente transmissíveis (embora, muitas vezes, as mulheres prefiram esconder esse problema do parceiro).

O ilustre psicanalista Michael Balint diz que as pessoas adoecem por alguém, para alguém ou com alguém. Na maioria das vezes, o homem está na mente, no ovário, no útero e na vagina das pacientes. Nem chega a se apresentar, em carne e osso, na consulta.

Nós, homens e mulheres, somos seres gregários por contingência biológica, isto é, somos partes de uma sociedade cuja imaturidade neurológica dos primeiros anos de vida torna o bebê totalmente dependente de quem lhe dispensa cuidados.

No entanto, a prática clínica tem demonstrado que essa dependência é maior nas mulheres em função de seus relacionamentos: envolvimento emocional com os pais, seu corpo, seu parceiro, seus filhos e seu trabalho, tornando-as, portanto, especialmente vulneráveis. Quando cuidamos de alguém ou de alguma coisa, tornamo-nos um pouco parte desse alguém ou dessa coisa e, com isso, ficamos mais vulneráveis ao que acontece no relacionamento, e é sempre a mulher quem cuida mais do "humano".

Experiências a partilhar

Da infância à senilidade, o consultório de um ginecologista é um desfile de experiências humanas sórdidas e sublimes. Da filha que é seduzida ou violentada pelo pai, da educação repressora que bloqueia o livre exercício da sexualidade, dos mitos e tabus em relação à maternidade, passando pela luta contra a infertilidade e a nova perspectiva de vida após a menopausa. Hoje, a mulher guerreira, ao contrário da passiva, chega à velhice com dignidade e alegria de viver.

Afinal, apenas nós, com nossa infinita capacidade de amar, podemos dar significado e valor ao mundo indiferente que nos cerca. É dessa força e energia que eu pretendo falar. Quero contribuir para estimular a mulher a desfrutar sua sexualidade de forma saudável e prazerosa.

A mulher pode escolher. Nessa longa romaria nós somos, de fato, a soma total de nossas escolhas.

Temos genes fortes e um caminho para percorrer muitas vezes hostil.

Não podemos desprezar a genética, os vírus e as bactérias, mas hoje sabemos que as doenças são provocadas mais por um desequilíbrio

Mulher

interno do que por efetivos agentes agressores externos. Por isso, reflita: um organismo inteiro e harmônico pode modificar a sua história!

"Anatomia é destino", dizia Freud. Pura realidade!

Muitas situações associadas à dificuldade que a mulher encontra para viver sua sexualidade de forma plena e saudável têm origem no seu genital escondido:

- o sistema reprodutor da fêmea é muito mais complicado do que o do macho;
- o orgasmo feminino é atrelado a um complexo mecanismo. Tudo pode dar errado ou causar angústia, mesmo acontecendo certo;
- a gravidez é um sacrifício feliz quando é intensamente desejada. Mas não deixa de ser um sacrifício;
- o ciclo menstrual ovulatório pode funcionar a cada 28 dias e mesmo assim ter grandes alterações e flutuações que determinam a síndrome pré-menstrual.

Um fato importante que vale a pena discutir: seria ingenuidade aceitar, por exemplo, o mito do ponto G. O corpo da mulher é como um terreno minado, repleto de pontos sensíveis, um imenso território a ser explorado. Porém, em um contexto patriarcal de referências masculinas, importa apenas o clitóris, entendido como um pênis atrofiado. Olhando pelo referencial feminino, no entanto, podemos dizer que o pênis é um clitóris hipertrofiado. Tudo é relativo, já dizia Einstein.

Nós não precisamos de indivíduos feministas e machistas. O mundo carece, sim, de humanistas.

Talvez eu tenha escolhido a ginecologia também pela oportunidade de trabalhar como um profissional de ajuda. É com prazer e entusiasmo que participo de períodos importantes na vida de muitas mulheres.

No amor à nossa profissão deve existir uma espécie de gratidão, um reconhecimento e um grande desejo de cuidar de quem cuida. Quem sabe o ginecologista é aquele que quer retribuir os cuidados, ou mesmo a vida, que recebeu da mulher em sua totalidade, em todas as suas expressões, como mãe, fêmea ou companheira.

As razões deste livro

O mundo feminino "ainda" é pressionado politicamente pelo machismo. A família, a escola, o grupo social, a mídia, a política e a economia ainda escravizam a mulher. E essa escravidão aparece claramente no consultório do ginecologista.

Questões relacionadas aos anticoncepcionais, à masturbação, à idealização da maternidade (o mito da Virgem Maria) e à hipocrisia do aborto serão abordados neste livro, além do terrorismo da aids e de outras doenças sexualmente transmissíveis, das mutilações cirúrgicas muitas vezes desnecessárias e das depressões e dos estados de pânico tão comuns neste novo século.

A grande maioria dos ginecologistas é educada por suas pacientes, na medida em que estas exigem uma constante atualização em tudo o que diz respeito à saúde física e mental da mulher.

Não tenho pretensões de mobilizar segmentos de poder na sociedade. Afinal, são os homens que fazem as leis, que regulamentam anticoncepcionais e aborto, por exemplo. O DIU foi proibido, durante muito tempo, por ter sido "erroneamente" considerado abortivo. O aborto assistido, feito de forma clandestina, mas em boas condições de higiene, é privilégio das mulheres ricas. As pobres ainda morrem de complicações decorrentes das condições precárias em que a gravidez é interrompida.

Tenho convicção de que, se o homem "engravidasse", a cesariana seria politicamente correta e o aborto legalizado e amparado por lei, garantindo assistência médica, psicológica e social. As leis são feitas por e para quem detém o poder. E, quando há poder, não há troca.

Mulher

A outra face

Longe de mim afirmar que a mulher sempre representou o lado mais frágil da balança. Fiel a uma visão ampla dos contextos antropológicos, culturais e sociais, reservo para os capítulos finais do livro outra constatação: a maioria das mulheres passivas, submissas, sofridas, sacrificadas, impedidas de desenvolver seus potenciais, sem exercer atividade profissional que lhes proporcione ganho financeiro e realização pessoal, continua buscando um patrocinador para sobreviver.

A força manipuladora e ardilosa dessa mulher sedutora é incomensurável. Tanto que não vejo um mundo de opressão masculina "pura". É um mundo de opressão de homens criados, organizados e preparados por essas mulheres.

Parece que existe uma conspiração interna, de bastidores e alcovas, feita por antigas mulheres para proteger os homens do conhecimento (e da conscientização) da fragilidade destes. Uma estranha e misteriosa característica "protetora maternal" está em ação. É um grupo formado por "dondocas", *socialites* e também por mulheres humildes. Há uma prostituição disfarçada por contratos de casamento. São *personas* sexuais. Caminham por alamedas, praias, subúrbios e palácios. Sussurram em sonhos noturnos. Procuram o médico com sintomas múltiplos que quase sempre têm um ganho secundário.

Mas deixo tudo isso para depois. Talvez fique mais fácil compreendê-las.

1. O médico e a paciente: o que mudou nessa relação

Luz, quero luz,
Sei que além das cortinas
São palcos azuis
E infinitas cortinas
Com palcos atrás
Arranca, vida
Estufa, veia
E pulsa, pulsa, pulsa,
Pulsa, pulsa mais.

"Vida", Chico Buarque

Atendo cerca de 1.500 mulheres anualmente em Curitiba, no Rio de Janeiro e em São Paulo. Desse total, raramente alguém me procura com doença grave.

Pois bem, em 2009, desse total de 1.500 pacientes, atendi apenas três casos de doenças graves. Distúrbios corriqueiros, como miomas, sangramentos, problemas hormonais e dores fisiológicas correspondem a, no máximo, 30% das consultas. Portanto, a maioria dos casos que vejo no consultório é de **medicina preventiva**.

O mau funcionamento orgânico precede as doenças, ou seja, as doenças só acontecem quando as disfunções se tornam intensas, duradouras e repetitivas. E elas podem ter origem não apenas física, mas

Mulher

também emocional, social e cultural. Por exemplo, uma gastrite causada por alterações na atividade digestiva, quando perdura por meses seguidos, pode favorecer o aparecimento de uma úlcera. E esta, por sua vez, se não for tratada, pode perfurar o estômago e causar hemorragia.

Muitas pacientes precisam apenas de orientação para superar as angústias e somatizações, entendidas como manifestações físicas de problemas psicológicos e sociais.

Os médicos às vezes fazem seus diagnósticos considerando a origem psicossomática. Porém, tratam os sintomas e se dão por satisfeitos. Para mim, a verdadeira medicina psicossomática não está apenas no diagnóstico e na indicação de medicamentos ou cirurgia. Mas também na abordagem, o que implica filosofia de trabalho, forma de conversar com o paciente, relação médico-paciente bem construída e definição da conduta terapêutica. A "relação" é a pedra angular não só para o diagnóstico como também para o tratamento. No meu entender, o tratamento já começa no atendimento.

Em um mesmo dia, posso dizer que atendo:

a) Mulheres que só a classificação biológica permite qualificá-las como *Homo sapiens*, isto é, ser humano, uma vez que elas vivem apenas e tão somente pelo instinto de viver; é um "estar" sem interagir, pois não formam vínculos. Uma paciente desse grupo, referindo-se ao número de gestações, contou-me:

— Doutor, tive 18 barrigas.
— Algum problema nas barrigas? Algum aborto? Perdeu algum filho? — perguntei a ela.
— Perdi, sim — ela me respondeu. — Perdi um menino de 3 anos quando cheguei do Norte, na rodoviária, em São Paulo. Nunca mais achei... Sabe como é: Deus dá, Deus tira.

b) Mulheres que ignoram completamente seu corpo. São analfabetas em relação à sua anatomia. Certa vez, ao explicar um tratamento

1. O médico e a paciente: o que mudou nessa relação

para uma paciente, tive dúvidas se ela estava conseguindo entender e perguntei:

— Você conhece a vagina?
— Não, doutor, sou nova aqui no bairro.

c) Mulheres que, na falta de outro adjetivo mais adequado, chamarei de tradicionais, conservadoras e preconceituosas. A fala a seguir ilustra bem esse grupo:

— Ginecologista, só mulher. Imagine, abrir as pernas para um homem que eu nem conheço, um estranho. Mas agora, doutor, que eu preciso ser operada, quero um ginecologista homem. Uma mulher abrir minha barriga? Não confio!

d) Mulheres transicionais, que vivem em conflito permanente entre valores convencionais e modernos. Esta é a grande maioria. Exemplo:

— Pílula anticoncepcional eu não uso. Esses hormônios são antinaturais e antiecológicos. DIU, nem pensar! Uso tabela, por ser um método natural. Se falhar, tudo bem! Faço um "abortinho"!

e) Mulheres pseudomodernas, que almejam a igualdade, em uma busca obsessiva pelo modelo masculino e, muitas vezes, pagando o preço da neurose por isso. Em geral, suas posições são sectárias e radicais, próprias de conflitos internos. Sua frase típica durante o exame ginecológico é:

— Na próxima encarnação quero ser homem.

f) Mulheres realmente modernas que, dentro da dignidade e da valorização do feminino, encontram harmonia entre a razão e

Mulher

a emoção, o público e o privado, entre ser mulher, amante, mãe e esposa. Aquelas que alcançaram a sua identidade plena, equilibrando os dois polos opostos e complementares da energia essencial à vida: o feminino e o masculino. São essas que fazem a medicina preventiva e atualizada. Sabem escutar e reivindicar, trocam impressões e experiências. Raramente somatizam ou adoecem. Estão mais próximas do estado de saúde do que da doença. Esse grupo constitui uma minoria.

Motivações para as consultas

Dores, hemorragias, atrasos menstruais, corrimentos e infertilidade eram os motivos mais comuns que estimulavam a mulher a procurar um ginecologista há mais de 30 anos.

Hoje, eles ainda levam muitas mulheres ao consultório. O que mudou — e muito — é que não são mais necessários sintomas para justificar a consulta. O médico ginecologista é, também, educador e terapeuta.

A falta da menstruação, em princípio, era gravidez, e o tempo do atraso decidia se a suposição estava certa. Hoje, desejando ou receando a gravidez, a mulher exige resposta imediata, antes mesmo de a menstruação atrasar. Julga demoradas as 12 horas necessárias para a conclusão dos exames de laboratório. E que frustração se o médico, pelo exame de toque, não conseguir definir nada!

A hemorragia resultava em consulta quando as circunstâncias ou uma dor intensa despertavam suspeitas de alguma doença mais séria. Hoje, uma simples mancha de sangue na calcinha deixa a mulher extremamente ansiosa devido às fantasias originadas, muitas vezes, por campanhas terroristas acerca do câncer ginecológico.

Os excelentes anticoncepcionais hormonais do século XXI continuam cercados de mitos e crenças errôneos associados às primeiras pílulas da década de 1960.

1. O médico e a paciente: o que mudou nessa relação

Como o fantasma da infertilidade ronda os casais, muitos procuram o atestado de que são férteis logo no segundo mês de tentativa.

A chance de um casal jovem engravidar varia de 20% a 30% por ciclo quando a frequência de relações sexuais é de três vezes por semana. Desse modo, 85% dos casais conseguem a gravidez dentro de um ano mantendo relações sexuais frequentes sem proteção. Do restante, metade (7,5%) consegue engravidar se continuar tentando por mais de um ano.

Traduzindo: enquanto alguns casais podem engravidar já no primeiro mês de tentativa, outros podem levar até dois anos para alcançar esse objetivo.

O aconselhamento genético — mesmo quando não há nenhum caso de malformação na família e em idades em que não existe risco maior, a não ser o medo — está se tornando cada vez mais frequente. Em avançados centros de genética, o segundo motivo pelo qual as gestantes são avaliadas atualmente é a ansiedade.

A atividade sexual, antes função secreta, quase pecaminosa, é hoje exercida a pleno vapor. Muitas mulheres querem conhecer o ponto G, ter orgasmos múltiplos, demonstrar a habilidade de gueixas. Além disso, elas questionam a ejaculação precoce do parceiro.

As climatéricas, antigas vovós quituteiras, apesar de ainda carregarem muitos tabus, já falam de masturbação, no papel de viúvas de marido morto ou de marido vivo. Nessa faixa etária, fizemos grandes avanços nos últimos 35 anos, com a adoção da terapia de reposição hormonal.

A busca do conforto, quando este é ameaçado, é outro motivo comum para ir ao ginecologista. É o caso, por exemplo, da tensão pré-menstrual, da dor durante a ovulação, da cólica menstrual, da umidade ou secura vaginal.

As preocupações estéticas ocupam muitas consultas. Temas como excesso de pelos, acne, manchas senis, magreza, obesidade, celulite, coxas muito grossas ou culotes salientes, nádegas caídas, mamas grandes, pequenas ou assimétricas, grandes pequenos lábios ou pequenos grandes lábios e clitóris tortos são motivos para procurar um ginecologista.

Mulher

Angústias de todo tipo, fobias que às vezes alcançam o estado de pânico, hipocondrias, somatizações, depressões pós-parto, inibições do desejo sexual também são temas de consulta ginecológica.

Perguntas e questionamentos também não faltam:

* do namorado da filha ao namorado da mãe;
* do desodorante íntimo de clorofila à adoção de crianças;
* da menina que teve relações masturbatórias com o cachorro;
* do risco de transar a três, e quando essa experiência é habitual, como e quando fazer o DNA;
* da primeira à última menstruação;
* do casamento ao divórcio;
* da adolescente que encheu a cara e transou com cinco na mesma noite. Quem é o pai?;
* da incompreensão do marido ao colo do amante;
* da prevenção à cura de sintomas diversos, incluindo o câncer ginecológico;
* da busca do corpo perfeito pela adolescente, da manutenção de um corpo bonito após a gravidez à mágica do não envelhecer.

São muitas as motivações adequadas e louváveis para uma consulta ginecológica. Algumas, no entanto, representam exigências ou precauções criadas pela mídia — imprensa, rádio e televisão.

A gravidez no século XXI: o parto como evento

No campo da obstetrícia, a lista não é menor. Exige-se a perfeição na reprodução: não engravidar quando não se quer e engravidar logo que se quer. A gravidez deve ocorrer sem desconforto algum, sem prejuízo estético nem restrições.

Cogita-se, também, acertar o dia do nascimento para uma numerologia adequada. E, se possível, programar o signo e o ascendente do

1. O médico e a paciente: o que mudou nessa relação

filho. "Quero engravidar em março para o bebê nascer em dezembro. Meu terapeuta esotérico disse que, se meu filho for sagitariano, será um grande homem", ouvi de uma paciente.

Algumas resolvem engravidar magicamente de gêmeos porque assim já têm dois filhos de uma vez e ponto final. Dever cumprido! Afinal de contas, "era o que a mamãe queria para mim: um marido provedor e dois filhos".

A fertilização assistida permite, hoje, a manipulação de embriões, a doação de óvulos e de espermatozoides. "Quero um espermatozoide de um negro e um óvulo de uma japonesa", comentou uma paciente. "Vi um mestiço desse tipo em Cingapura e quero um filho assim, maravilhoso."

A escolha do sexo remete a argumentos mais antigos:

— Quero uma menininha *fashion* para enfeitar a casa durante a infância e me fazer companhia na velhice.

— Quero um menino para agradar ao pai e sustentar nós dois na velhice. Uma cigana me garantiu que ele será famoso.

Aborto, morte fetal e anomalias congênitas são considerados erros, eventos anormais; comumente o médico e a medicina são responsabilizados por eles.

O parto de cócoras, tido como selvagem há alguns anos, agora é almejado por algumas naturebas moderninhas. O único problema é a posição do obstetra para segurar o bebê. Talvez um daqueles carrinhos que os mecânicos usam para entrar debaixo dos automóveis facilitasse a tarefa.

O parto vaginal e a amamentação durante um ano são valorizados por muitas mulheres como uma espécie de vestibular para boa mãe. A anestesia do parto deve ser simples e eliminar a dor em um passe de mágica.

Nada de colocar a touca para prender o cabelo e evitar a contaminação do centro obstétrico, porque assim a gestante corre o risco de sair com perfil de lavadeira no filme do parto ou nas primeiras fotos com o bebê.

O parto Leboyer, "nascer sorrindo" em um ambiente silencioso, com pouca luz e a mãe de cócoras, é defendido com afinco por alguns. E a criança continua a nascer chorando — é da natureza.

Mulher

Não se usa mais a palmadinha para estimular o choro do bebê. Hoje, basta sussurrar no ouvido dele: "Você acabou de nascer no Brasil, onde há os maiores impostos do planeta e onde a distribuição de renda é realmente desumana". Não falha. O bebê entra em prantos.

O parto na água, em uma banheira de hidromassagem, ou o parto domiciliar, é reivindicado por algumas mulheres. Afinal, se houver qualquer dificuldade ou urgência, um bom helicóptero levará, rápida e facilmente, a mãe ou o bebê para o hospital mais próximo.

O parto virou um evento, um espetáculo atlético, estético e de expressão pessoal.

Nas maternidades, as equipes de filmagem, com suas lentes modernas, não conseguem a assepsia dos filmes. O nenê ainda nasce entre sangue, urina e fezes no parto vaginal. E o pior é que esses filmes são mostrados a amigos e familiares.

Como médico eu daria uma dica à mulher: "Não se exponha dessa forma. Seu homem não devia ver e rever você parindo, escancarada, entre fezes, urina e sangue".

A sabedoria dos antigos determinava que só as mulheres ajudavam nos partos. Sabe por quê? Para o homem é fundamental manter o "mistério do escuro da vagina".

As mulheres acham que seus parceiros estão preocupados com três quilos a mais ou com celulite. Triste engano. O que os desencanta é a perda do mistério.

Por isso, jamais use o banheiro na frente dele, evite situações de nudez gratuita. Esconda sua higiene e o seu filme de parto. Da mesma forma, o exame ginecológico de uma mulher sangrando ou com corrimento não deve ser aberto ao parceiro.

Alojamento deve ser conjunto, isto é, o bebê no quarto com a mãe, afinal, berçário é coisa de maternidade careta. Tal qual um leão de chácara, o pai espanta as visitas para não atrapalhar os primeiros contatos entre mãe e filho. E a família abre mão do saudável hábito de festejar.

Imaginem José, na porta do estábulo, barrando os três reis magos:

1. O médico e a paciente: o que mudou nessa relação

— Por favor, deixem seus presentes na porta. Maria está treinando o vínculo entre mãe e filho, conforme orientação da psicóloga.

Conforto durante a gravidez, recuperação perfeita do corpo após o parto e uma criança bonita e saudável são exigências de quase todas as gestantes. Qualquer desvio desse padrão é atribuído à "síndrome do obstetra relapso".

Alguns motivos louváveis se misturam a modismos caricatos e exigências irreais. A mídia educa e deseduca. Cria diversos fantasmas e fantasias na alma feminina.

Os modismos nada mais fazem do que alienar o casal que espera seu filho do que é realmente importante: entrar em contato com os pequenos, médios ou grandes conflitos relacionados à maternidade e à paternidade.

Afinal, ter um filho é diferente de "ser pai" e "ser mãe".

A conclusão é óbvia: a mulher mudou, o contexto mudou e as exigências mudaram.

Nesse novo contexto, o número de mulheres descontentes com o atendimento está crescendo, e o número de profissionais frustrados com a clientela e com a profissão, também.

A melhor abordagem

O médico da intimidade feminina, profissional de uma especialidade que se desenvolve no espaço feminino, nem sempre está preparado para lidar com a mulher, sobretudo se ela for criativa e talentosa, pois assim ela exige e questiona muito mais.

Todo professor transfere para seu aluno 90% do que aprendeu sem nem ao menos questionar o que foi passado. E o pior, sem nunca ouvir seus alunos. O mesmo raciocínio muitas vezes se aplica ao médico: ele reproduz o que aprendeu sem "ouvir" suas pacientes.

Mulher

Isso quer dizer que, em quatro ou cinco gerações de professores universitários, avançamos uns 10% na percepção do caráter subjetivo das consultas médicas e uns 500% em desenvolvimento tecnológico e científico. Em outras palavras, o médico ainda vê a mulher como subalterna de forno e fogão, infantilizada e burra. Não é de estranhar, portanto, que a principal interessada continue sabendo muito pouco sobre menstruação, parto, menopausa etc.

Neste século, o conhecimento é exigência cada vez maior. No passado, o patrimônio cultural que o médico acumulava até receber o diploma era suficiente para mantê-lo bem informado por toda a vida profissional. Hoje, o médico que não se atualizar continuamente estará fora do mercado em poucos anos.

A visão do mundo acadêmico, científico e técnico, nas últimas décadas, compartimentou a mulher e descartou seu ambiente, sua cultura, sua história e seus relacionamentos. Assim, motivos sociopsicossomáticos foram deixados de lado, quando muitas vezes são a fonte da queixa, da dor, da doença. Em vez de tratados, esses problemas são "medicalizados" e mascarados sob o efeito de algum analgésico. São os convênios destruindo a medicina e a arte da prática médica.

Um passado de perseguições

Ao longo dos séculos, a história pilhou e reduziu o espaço feminino, esmagando a natureza intuitiva da mulher. Reproduzimos isso sempre que lhe viramos as costas, sem alcançar a simbologia dos seus sintomas: ela é relegada às regiões mais pobres da psique e aos espaços mais reclusos do seu corpo.

As terras espirituais da mulher foram saqueadas e queimadas no transcorrer da história. A Igreja Católica as afastou, a partir do século XIII, porque o saber feminino era intolerável. Tratou as mulheres como bruxas, e centenas foram mortas em fogueiras, tão gran-

1. O médico e a paciente: o que mudou nessa relação

de era o pavor masculino diante da força feminina. A perseguição às curadoras aumentava à medida que se solidificava o poder médico.

Mas, assim como a Igreja, o academicismo conservador e politicamente correto não conseguiu silenciar a sexualidade mágica e pagã dos grupos minoritários. As mulheres, os negros e os homossexuais, discriminados pela universidade branca e conservadora, reagiram brilhantemente no fim do século XX.

Hoje, na faculdade de medicina, há mais mulheres do que homens, o que é assustador para os professores tradicionais. Estudos a respeito de sexo, de antropologia, de psicologia e de comunicação deveriam ser incluídos no currículo universitário.

Durante anos, a ginecologia foi omissa quanto às questões mais profundas e importantes para a mulher: o aspecto arquetípico (referente à essência do feminino, presente em todas as culturas, como o fato de ser amorosa e criadora), o intuitivo, o sexual, o cíclico, a sabedoria feminina, o jeito de ser mulher, seu fogo criador e seu domínio em relação ao homem.

As questões da alma feminina não podem ser tratadas tentando-se esculpi-las de um modo mais adequado a uma cultura inconsciente. Não se pode dar forma ao que não tem forma. Nem é possível dobrá-la até que ela tenha formato intelectual mais aceitável para aqueles que se julgam detentores do consciente.

Esse atalho é antissaúde.

A nova mulher e o novo ginecologista

A meta do médico da mulher deve ser recuperar a bela forma física e psíquica da sua paciente. Incentivá-la a conhecer o próprio corpo e seu funcionamento, visando desmistificar o "saber" errôneo, a deseducação e o estereótipo. Ajudá-la a imprimir significado, profundidade e

Mulher

saúde aos seus relacionamentos, a restabelecer seus ciclos de sexualidade, criatividade, trabalho e lazer. Colaborar para que deixe de ser alvo da atividade predatória do mundo e da religião patriarcal; a cultura do protocolo médico.

A sociedade tenta transformar o ser criativo em impotente. E uma das maneiras de fazer isso é tachar de fraco o que o ser humano tem de mais forte. Com a mulher acontece isso. A intuição, a sensibilidade e a lógica peculiar, que constituem a grande força feminina, são vistas como sinônimos de fraqueza e submissão. Dessa forma, o novo ginecologista deve oferecer à mulher:

* instrumentos para criar filhos e filhas menos machistas;
* meios de mobilizar sua força de trabalho em busca de outras realizações;
* ajuda para recuperar sua força natural: "Eu gosto de ser mulher".

Para facilitar esse trabalho, não poderão faltar em sua biblioteca, além dos livros sobre anatomia, fisiologia e patologia, obras de Fernando Pessoa, Carlos Drummond de Andrade, Cecília Meireles, Vinicius de Moraes, Chico Buarque e Caetano Veloso, Freud, Melanie Klein e William Reich, Jung, sem esquecer Simone de Beauvoir, Rose Marie Muraro e Camille Paglia, além de Wolber de Alvarenga. Esses maravilhosos humanistas podem nos ensinar muito a respeito da mulher.

2. O corpo feminino, suas dores, prazeres e mistérios

O que será, que será?
Que me queima por dentro
Que me perturba o sono
Que todos os ardores me vêm atiçar
Que todos os meus nervos estão a rogar
Que todos os meus órgãos estão a clamar
Que nem dez mandamentos vão conciliar
Nem todos os unguentos vão aliviar
Nem todos os quebrantos, toda alquimia
O que não tem "remédio" nem nunca terá
O que será?

"À flor da pele", Chico Buarque

A mulher é o seu corpo. O sexo feminino não estabelece distância entre o órgão sexual e o resto do organismo. Este corpo guarda o mistério que envolve a dor da mulher, sensivelmente exposto na letra de Chico Buarque.

Desde pequenas, as mulheres cuidam com delicadeza de toda a área corporal. Constroem um extenso mapa erógeno, que inclui pés, pernas, coxas, barriga, mãos, braços, ombros, seios, boca e cabelos. A vagina é apenas um dos pontos desse grande mapa.

Mulher

O homem genitaliza a sexualidade. Oferece amor, mas quer sexo. A mulher romantiza e espiritualiza o sexo; o homem sexualiza o amor. Prefere os toques enérgicos, as brincadeiras de chutes, socos e lutas. Cuida dos músculos e, sobretudo, do pênis. A visibilidade do genital masculino é uma das origens do seu desejo científico de objetividade, de teste externo, ratificação e prova.

A mulher é velada. O mistério envolve sua sexualidade. O corpo feminino tem uma célula da noite arcaica. É um lugar secreto e sagrado. A mulher é um vaso lacrado, um santuário. Tudo o que é sagrado suscita a profanação.

Os espermatozoides são tropas de assalto em miniatura, e o óvulo, uma cidadela a ser invadida. Os fracos não alcançam seu alvo. A natureza premia a energia e a agressão. O homem se inquieta diante do insuportável mistério do corpo feminino: "que aparência terá lá dentro?", "ela tem orgasmo?", "é mesmo meu filho?". O tabu a respeito do corpo feminino é o tabu que paira sobre os lugares mágicos.

Esses sentidos misteriosos não podem ser mudados, apenas suprimidos. Mas emergem na consciência cultural. Nada se pode fazer contra o feminino. Matem a imaginação, lobotomizem o cérebro, castrem e operem, e aí os sexos serão iguais.

Nascemos macho e fêmea no sentido biológico, identificamo-nos como feminino e masculino no psicológico e nos tornamos homem e mulher no social.

E somente somos iguais na essência do humano.

A força da natureza

A identificação da mulher com a natureza é perturbadora.

Os ciclos da natureza são os ciclos da mulher: as oscilações hormonais, suas "sensações" e vivências corporais; as preocupações constantes com o início da vida sexual, hímen, métodos anticoncepcionais e aborto; a gestação, o parto e a lactação.

2. O corpo feminino, suas dores, prazeres e mistérios

A feminilidade biológica é uma sequência de retornos circulares. Sua maturidade sexual significa casamento com a lua, crescendo e minguando em fases sucessivas: lua, mês, menstruação.

Seu corpo é dominado por hormônios que coordenam marés altas e baixas. Não existe livre-arbítrio. Ela não tem opção, a não ser aceitar o fluxo. Queira ou não a maternidade, a natureza a atrela ao bruto e inflexível ritmo da lei da procriação.

O ciclo menstrual é um despertador que não pode ser parado enquanto a natureza não quiser. Todos os meses, a praia feminina é invadida pelo movimento lunar das ondas. Inocentes e adormecidos, seus tecidos adiposos encharcam-se de água. Em decorrência, algumas mulheres ganham de três a quatro quilos na fase pré-menstrual. De repente, cessam os edemas, os inchaços e as deformações estéticas. Termina a inundação, a água se esvai.

A gravidez demonstra o caráter determinista da sexualidade feminina.

Todos os meses, em uma nova derrota da vontade, surge o sangue menstrual carregado de simbolismos, mitos e tabus. Mostra, tão somente, a falha da gravidez. O que para a mulher acaba sendo um alívio ou um tormento, com toda a sua ambivalência: "Não estou grávida, mas posso ficar".

Por mais que a mulher atual adie os planos de maternidade, um fato não pode ser negado: a procriação é a regra única e implacável da natureza.

Os novos dilemas e os males menstruais

A mulher ocidental moderna mantém uma relação agonizante com seu corpo e seu instinto. As doenças e complicações mais comuns desse período — a endometriose, a TPM (tensão ou síndrome pré-menstrual), a dismenorreia (dor menstrual) — estão ligadas a alterações do ciclo menstrual, que nada mais é do que a preparação para a gravidez.

Mulher

A cólica menstrual transforma o normal em patológico. Normalidade biológica, para a mulher moderna, torna-se sofrimento.

A dismenorreia é uma doença da civilização, pois as mulheres tribais, que passam grávidas a maior parte de seu período fértil, parindo e amamentando, têm poucos males menstruais.

A mulher primitiva cultua e aceita a dor quando esta é parte do ciclo da natureza. Na cultura das grandes cidades, isso não funciona assim. E não se trata apenas de mulheres: todos nós buscamos na medicina todo tipo de medicamento para evitar dores e desconfortos.

O excesso de períodos menstruais trouxe a endometriose, misto de dor e infertilidade, quando o tecido que reveste o interior do útero surge fora do lugar. Essa doença pode ser considerada o flagelo do final do século XX e do início do XXI.

No passado, impedida de realizar seu potencial criativo e de desfrutar sua sexualidade, a mulher manifestava todo esse recalque pela histeria, uma psicopatologia bastante frequente no sexo feminino.

O feminismo da década de 1950 caiu no extremo oposto. A mulher bloqueou seu corpo e seu determinismo biológico para seguir o modelo masculino. Queimou sutiãs, rasgou calcinhas. Negou sua essência e seu instinto. "Travestiu-se". Resultado: trocou a histeria pela somatização.

Concordo com Camille Paglia, autora dos livros *Personas sexuais* e *Vampes e vadias*, quando diz que a feminista antiga era uma mulher vestida de homem, ou seja, uma mulher pouco feminina. Se não se submete ao homem, submete-se a uma ideia, a um ideal, o que também a impede de ouvir a si mesma ou de se respeitar. Dessa vez, a submissão é um imperativo imposto por ela própria.

Ao se distanciar do modelo de feminilidade de sua mãe, a mulher passou a enfrentar um conflito de identidade: ser feminina é trabalhar fora ou não? É casar ou não casar? É ter filhos ou não? A maternidade começou a ser vista, em princípio, como uma sequência de perdas: do *status* de filha, de certa irresponsabilidade, de um corpo sem marcas, da liberdade. Os ganhos só seriam percebidos depois.

2. O corpo feminino, suas dores, prazeres e mistérios

Esse conflito recai sobre o corpo, na maneira como a mulher lida com ele. Ganha-se aqui, perde-se ali. É a evolução. Nenhuma crítica. Pelo contrário, ainda assim considero os ganhos maiores. Só precisamos evitar essas complicações. E a ginecologia moderna tem meios para isso.

A batalha atual

Apenas recentemente a discussão acerca da realidade da condição feminina emergiu, com dolorosa clareza, em sociedades modernas que tentam melhorar ou ultrapassar a natureza valorizando o individualismo e a realização pessoal.

Quanto mais a mulher correr em busca da identidade e autonomia pessoal de forma obsessiva, mais feroz será a luta contra a natureza, mais conflitante será a sua batalha contra as leis fisiológicas do seu corpo e mais a natureza a punirá: "Não se atreva a ser livre até os 50 anos, seu corpo não lhe pertence".

Hoje, as mulheres que desejam realizar alguma coisa entram em guerra com a natureza. Esse fato é demonstrado, clara e cotidianamente, nos efeitos hormonais perturbadores do estresse profissional ou do treinamento atlético extremo. A medicina atual está ajudando a nova mulher a vencer muitas dessas batalhas.

Na década de 1970, algumas corredoras que sofriam de amenorreia (falta de menstruações) e apresentavam pequenas fissuras (rachaduras) nas canelas foram as primeiras a compreender que a natureza está à espreita, de tocaia, pronta para desequilibrar os sistemas neuro-hormonais se a porcentagem de gordura cair abaixo do necessário.

Nos anos 1980-1990, quando a mulher ingressou mais nas universidades e investiu em cursos de pós-graduação, os sofrimentos associados ao excesso de ciclos menstruais (cólicas, TPM, enxaquecas) atrapalharam bastante as que deixaram a natureza comandar e não buscaram os recursos da medicina moderna.

Mulher

Durante o período reprodutivo, o corpo feminino é uma engrenagem primitiva selvagem, quase indiferente ao espírito que a habita: "É preciso harmonizar a carne e o espírito".

Biológica e fisiologicamente, a mulher tem uma missão: a gravidez. Pode-se passar a vida inteira repelindo-a.

Não importa o intelectual, o racional.

A natureza só se importa com a espécie, jamais com os indivíduos.

As humilhantes dimensões desse fato biológico são experimentadas de maneira mais direta pelas mulheres. É por isso que elas têm, em minha opinião, resultado de observação clínica, maior realismo e sabedoria do que o homem e maior capacidade de lidar com a ambivalência e a insegurança. Elas vivenciam mais a impotência humana perante a natureza.

O ginecologista precisa considerar as mudanças sofridas pela mulher para poder ajudá-la a superar a queixa que motivou a consulta; ajudá-la a viver sem tantos conflitos, procurando encontrar um equilíbrio entre o feminino e os novos papéis que ocupa hoje sem, contudo, abrir mão do trabalho em função da vida familiar (ou vice-versa), porque ambos podem ser ótimas fontes de satisfação para ela.

A dor no sentido mais amplo

Nossa cultura reforça e hipervaloriza as chamadas **dores fisiológicas** (menstruação, defloração, parto, lactação). Diz a Bíblia: "Terá seu filho com dor".

Essas crenças incorporam-se na mulher, que, narcisista e neuroticamente, passa a usar o sintoma dor com benefícios secundários.

É com orgulho que muitas relatam suas cólicas menstruais e seus partos difíceis:

— Sofri durante dez horas e dei à luz sem anestesia e por parto normal.

2. O corpo feminino, suas dores, prazeres e mistérios

Maravilha! Passou no vestibular para boa mãe, paciente mãe, santa mãe, sofredora mãe. O problema é que depois os filhos recebem a conta. E com grande correção monetária.

Culturalmente, a mulher tende a utilizar muito o sintoma dor como expressão simbólica de um conflito íntimo. Com que criatividade o inconsciente das pacientes desloca esse conflito para a região pélvica e com que receptividade o inconsciente do médico aceita, de braços abertos, a dor!

Cada doença — os distúrbios menstruais, as dores no baixo abdômen, as disfunções sexuais — tem a sua especificidade de acordo com o significado para sua portadora.

A dor é apenas manifestação de que
algo não está no seu perfeito equilíbrio.

De intensidade subjetiva, a dor não pode ser mensurada. Muitas vezes, ela faz parte de uma síndrome, um conjunto de sintomas organizados, porém não significa ainda uma enfermidade, com causas, quadro clínico e evolução comum.

Muitas dores são enigmáticas, pois não se encontram causas orgânicas para elas. A falta de uma explicação objetiva não significa, porém, que elas devem ser ignoradas. É preciso decodificar aquele sintoma para ajudar a paciente a superá-lo.

Como se libertar

A natureza feminina, a sua psicologia e a sua vivência sociocultural devem ser bem conhecidas pelo ginecologista, pois isso possibilita decifrar a simbologia usada pela mulher para expressar suas dores e — por que não? — seus amores.

As cólicas menstruais tornam-se mais amenas quando seu significado simbólico afetivo perde importância, independentemente do tratamento orgânico instaurado.

Mulher

Resolve-se a amenorreia (suspensão da menstruação), elaborando--se o conflito com a identidade sexual e permitindo ao sistema hipotálamo–hipófise–ovários trabalhar livremente.

A infertilidade da mulher sem causa aparente cura-se como em um passe de mágica após a adoção, porque o conflito associado à maternidade é trabalhado na relação com o filho adotivo.

As disfunções orgásmicas — outra queixa bastante usual — desaparecem quando as expectativas de desempenho, o medo de sentir prazer e os sentimentos de culpa são afastados, o que diminui a ansiedade e facilita a entrega.

O casamento sempre foi apresentado como solução para tudo, basta lembrar o ditado popular: "Quando casar, sara". Em outras palavras, as fórmulas para a felicidade eram o casamento (messiânico!) e a maternidade. Entretanto, hoje as mulheres estão percebendo que a felicidade e o prazer sexual não são responsabilidades do outro. Alegria, criatividade e vida dependem muito mais da coerência entre seus reais anseios e sua livre expressão em comportamento do que do príncipe idealizado e dos filhos sonhados.

Esse descompasso entre a promessa e a realidade surge nitidamente no consultório ginecológico.

3. Infância: na menina, esboça-se a mulher

Olha as minhas meninas
Pra onde é que elas vão
Se já saem sozinhas
As notas da minha canção
Vão as minhas meninas
Levando destinos
Tão iluminados de sim
Passam por mim
E embaraçam as linhas
da minha mão.

"As minhas meninas", Chico Buarque

Destino inexorável da criança é o desenvolvimento em busca de autonomia.

Na verdade, também é essa a "grande agonia humana": livrar-se da dependência e proteção dos pais.

Grande parte dos distúrbios ginecológicos tem sua gênese nessa dificuldade, cujas bases são fundadas na infância.

Certa vez, ao assistir um parto de gêmeos, aconteceu um fato interessante. Quando nasceu o primeiro bebê, uma menina, segurei, toquei e acariciei delicadamente seu corpo. Logo depois veio o menino. Segurei e toquei nele com mais força e energia. Era como se eu tentasse dizer com as mãos:

Mulher

— Seja bem-vinda, suave garotinha!

— Seja bem-vindo, grande guerreiro!

Os gestos foram inconscientes. O colega que me auxiliava chamou minha atenção.

Essa forma distinta de relação tátil prolonga-se por toda a infância: enquanto os homens preferem os toques enérgicos, as brincadeiras de luta, as mulheres espalham toques delicados pelo corpo todo.

As repercussões dessa diferença na forma de lidar com o próprio corpo serão sentidas mais tarde. É na infância e nas relações humanas estabelecidas a partir dessa fase que se erguem os pilares básicos da sexualidade.

A mulher começa a se tornar mulher nos primeiros dias de vida, quando a menina-bebê passa a se relacionar com o mundo (ou até antes, ainda dentro do útero, quem sabe?).

Sexualidade é energia. Todos nós nascemos com ela. Essa energia pode ser canalizada para diversas esferas, além da genital.

A sexualidade infantil é lúdica: a criança brinca, explora o ambiente e também seu corpo. Ela brilha, ilumina com graça e inocência. É difícil passar perto de uma criança sem acariciar sua cabeça ou abrir-lhe um sorriso.

Crianças surgem aos nossos olhos como uma tentação inconsciente e impossível. Representam a própria redenção do amor e do sexo. São promessas de um mundo novo, onde o amor se revela em sua força e plenitude.

A afetividade necessita de símbolos e imagens. A construção de um corpo sensorial acompanha o crescimento intelectual, em especial a formação de imagens do bem e do mal na mente das crianças.

É preciso coerência entre o que é vivenciado e o desenvolvimento neurológico próprio da idade. Ou seja, não é saudável forçar experiências quando o emocional e o intelectual infantis ainda não estão preparados neurologicamente para lidar com elas.

Essa coerência entre símbolos (mental) e sensorial (corpo) vai se imprimindo no desenvolvimento da menina-mulher. Por isso é importante que o mapa simbólico esteja em sintonia com o mapa sensorial.

3. Infância: na menina, esboça-se a mulher

Essa sintonia desaparece quando acontecem experiências traumáticas, por exemplo, no incesto velado, o abuso da criança por um adulto.

O início da repressão

Freud dizia que a sexualidade infantil é perversa e polimorfa. Todos os desvios sexuais, como o sadismo, o exibicionismo e o *voyeurismo*, por exemplo, podem se manifestar na infância porque nessa fase a libido, a energia sexual, ainda está desorganizada.

Porém, essa energia sexual corre um grande risco de ser castrada por aqueles seres tão complicados denominados "adultos", cheios de conflitos e disfarces, que negam sua sexualidade, escondendo-a no porão de seu psiquismo, envolta em perversão, vergonha e culpa.

Como todo grande iluminado, Jesus Cristo amava as crianças. Ele as considerava modelo de amor. A Igreja Católica e os moralistas que o seguiram entortaram esse amor à sua imagem e semelhança. Construíram um Deus de poder, não de amor. Criaram a dualidade: o amor carnal degradante *vs.* o amor espiritual virtuoso. As pessoas foram divididas em corpo e alma. Nem a medicina escapou desse padrão estereotipado.

Como a sexualidade está próxima da individualidade, suprimir ou deformar uma é fazer o mesmo com a outra.

Pobres de nossas crianças!

As bases para a construção da sexualidade

As bases para a estruturação da sexualidade dependem da integração de três áreas no convívio social:

a. Dependência e vínculos significativos

O ser humano nasce com o cérebro muito pouco amadurecido em

Mulher

comparação com outros mamíferos. Só 23% dele está desenvolvido. Por isso, o recém-nascido humano é imaturo, frágil e totalmente dependente. Ele precisa de figuras afetivas que cuidem dele. Necessita de amor. O vínculo estabelecido com as pessoas que se encarregam de seus cuidados é fundamental para o seu crescimento.

Devido a esse desamparo, as demandas afetivas têm significados muito profundos para a criança. Conforme conquista autonomia, a sensação de desamparo diminui graças aos vínculos amorosos e à transparência das mensagens que vão estruturando a autoestima (como eu me sinto) e a autoimagem (como eu me vejo).

b. Mensagens adequadas

Os pais dizem aos meninos: "Faça gol no futebol (ou tire 10 no boletim) que eu vou amar você". A tradução da frase é: amo você se fizer o que for importante para mim. As meninas ouvem dos pais: "Fique bonitinha e limpinha, seja meiga, solícita e boazinha que assim você conseguirá o que quer". Em outras palavras, ensinam a menina a ser submissa e a desenvolver atitudes para seduzir o outro e alcançar seus objetivos.

Essas mensagens penetram profundamente, interferindo na formação da nossa autoestima e da nossa autoimagem. E podem se perpetuar pela vida inteira.

O homem sente-se valorizado pelo que faz, não pelo que é. Essa é a razão do narcisismo (vaidade autocentrada) masculino. A mentalidade é: "Eu sou o que tenho! Quanto mais conquisto e possuo, mais glorioso sou". A mulher coloca seu amor-próprio na sua imagem, na beleza física. Por isso, as rugas e os quilos em excesso a incomodam mais. Obviamente, essas regras têm exceções de ambos os lados.

Sem dúvida, a melhor mensagem a ser ouvida por um filho é "eu amo você". O importante é ressaltar que a criança é amada, sem hipervalorizar a atuação ou a imagem. Os pais podem destacar algo positivo que o filho tenha feito, mas não exagerar esse fato em detrimento do resto.

> O pior erro dos pais está em impor condições para o amor, que não é função.

3. Infância: na menina, esboça-se a mulher

Os filhos precisam ter certeza de que os pais os amam pelo que eles são, independentemente do que fazem, mesmo porque os pais podem gostar ou não do que fazem.

Também são nocivas as mensagens duplas: demonstrar uma coisa e falar outra.

— Não foi nada, meu amor — diz a mãe, enquanto aperta o filho com as mãos e o fulmina com os olhos.

A criança lida muito mal com isso, pois precisa de amor, mas também de transparência. Criança convive bem com a verdade. Não necessita de pais "estereotipadamente" corretos. Precisa de pais que emocionem, que arrepiem os pelos do seu braço e disparem o seu coração.

c. Corpo legitimado

Não basta dizer "amo você" ou que "o filho é uma gracinha". Se não tocar nele, beijá-lo e acariciá-lo, seu corpo não será legalizado. O corpo é essencialmente sensorial. Só se legitima pelo contato com outro corpo, nunca pela palavra.

Concordo com o psicoterapeuta José Ângelo Gaiarsa quando argumenta que **"o contato corporal é tão vitalizante quanto a nutrição"**. Crianças privadas de toques acabam tendo sérios problemas para vivenciar a sexualidade no futuro.

Durante alguns anos, supus que problema sexual era algo que só afetava mulheres de classes sociais mais altas e que as mais pobres estariam livres dele. Ao atender a população de baixa renda na clínica da faculdade de medicina, descobri que as mulheres pobres têm muito mais distúrbios de ordem sexual. A grande maioria não sentia orgasmo. Essas mulheres vinham de famílias numerosas, com oito, dez, às vezes até doze filhos. Que pai ou mãe tem tempo e energia para acariciar doze filhos e, paralelamente, garantir a todos eles a sobrevivência econômica? A forma comum de tocar era o beliscão, o tapa, a surra com vara de marmelo. Então, o corpo se fecha. Não é legitimado sensorialmente como prazeroso. É um corpo tenso, duro, temeroso. Depois, na idade adulta, é muito difícil para essas mulheres recuperarem o corpo que foi negado e desfrutarem o prazer sexual, que é uma vivência sensorial.

Mulher

Para sentir prazer, a mulher precisa recuperar esse corpo, aprender a gostar dele, ser estimulada a se tocar durante o banho, a redescobrir lugares sensíveis ao toque.

Se esses três pontos fundamentais — vínculos significativos, mensagens adequadas e corpo sensorial legitimado — forem bem trabalhados na infância, a mulher tem grande tendência a desenvolver de forma saudável a sua sexualidade. Do contrário, seus relacionamentos afetivos podem ser muito prejudicados no futuro.

A impossibilidade de garantir a saúde sensorial e emocional da criança talvez seja mais um argumento em favor do planejamento familiar, tão necessário ao nosso país.

A linguagem do corpo é o toque

Uma criança tratada com carinho terá, certamente, uma sexualidade feliz. Os mais ou menos acariciados — a imensa maioria — dependerão do que virá depois. E os mal-acariciados, mesmo diante de condições favoráveis, terão poucas chances de um contato corporal bem-sucedido.

Já atendi mulheres que continuaram com o corpo "anestesiado" mesmo depois de vários tratamentos: terapia hormonal, regressão a vidas passadas, numerologia, psicanálise e até bênçãos de pai de santo.

Quando se beija ou se abraça uma pessoa, muitas vezes é possível deduzir como sua sexualidade primitiva foi trabalhada. Algumas viram soldados de chumbo ou porcos-espinhos ao menor contato com a pele alheia.

A sexualidade natural e sua energia atingem fundo a emoção. Brilham! Hipnotizam a mente e inundam os olhos de magia.

A raiz da prisão de ventre

Eis um exemplo bem típico de diferenças na educação entre os sexos que acabam gerando problemas para a mulher. É importante não

3. Infância: na menina, esboça-se a mulher

só valorizar o corpo, mas tudo o que ele fabrica. As fezes, a urina, as secreções do nariz ou dos ouvidos não podem ser encaradas como coisas horrorosas.

Para a criança pequena, tudo o que sai do seu corpo é parte dela. Seu cocô é muito importante. Se aprender que aquilo causa nojo aos pais, ela poderá ter dificuldade em aceitar os produtos corporais e, mais tarde, desvalorizar até mesmo o leite que sai dos seus seios para alimentar seu bebê. Qualquer secreção vaginal será vista com temor. Evacuar passará a ser um grave problema.

O ato de eliminar as fezes é muito natural para a criança pequena. Trata-se de um reflexo simples: um estímulo avisa que o intestino está cheio e, então, ela o esvazia, onde estiver. À medida que vai crescendo, e o cérebro e os centros informativos da medula se desenvolvem, a criança aprende a inibir o reflexo. Seus pais ensinam que ela não pode fazer cocô em qualquer lugar, só no banheiro. Então, ela se senta no vaso sanitário, relaxa, facilita o reflexo e as fezes são expelidas. Passa a ser um reflexo condicionado. Esse processo também tinha tudo para ser natural.

Depois dos 3 ou 4 anos, com maior domínio dos centros nervosos superiores, fatores de ordem psicológica (como a censura, localizada no cérebro superior) começam a inibir ou a facilitar o reflexo (que está no cérebro mais primitivo). E, assim, aos 5 anos, a menina faz uma viagem com a amiguinha e, por vergonha, prende o intestino. Não quer deixar o banheiro cheirando mal. Alguém pode usar em seguida e isso é desagradável.

Os meninos não têm esse tipo de escrúpulo. O cocô pode ser fedido, grande ou pequeno. Nada disso os intimida. Pelo contrário. Adoram soltar gases para chamar a atenção. Quanto pior o cheiro, melhor!

As meninas têm de fazer cocô cor-de-rosa e com um cheirinho agradável. Só que as fezes sempre são feias e cheiram mal.

Outro drama diz respeito ao vaso sanitário. Todos, menos o de sua casa, parecem esconder um monstro capaz de infecioná-la com perigosíssimas bactérias que podem complicar a sua vida sexual e arruinar suas possibilidades de ser mãe.

Mulher

Assim, o reflexo vem, a menina o inibe; depois de duas horas ele retorna, ela o inibe outra vez e passa aquele fim de semana sem usar o banheiro. Só faz cocô ao voltar para casa. Se a viagem durar uma semana, serão sete dias sem defecar!

Banheiro público ela não usa de jeito algum, pois tem medo de contrair doenças. "Afinal, mamãe me falou que quando eu crescer posso até engravidar em um banheiro público."

Com o tempo, o reflexo é abolido e deixa de ser pressentido. Em outras palavras, seu corpo sensorial é negado e ela passa a ter constipação intestinal. Só laxante, mamão e ameixas — e às vezes nem isso — conseguem estimular, de forma anormal, seu intestino, que já não funciona mais por si só.

O mesmo pode suceder com o orgasmo, outro reflexo simples. A respiração acelerada, a vagina intumescida, está tudo pronto para o desfecho, mas um comando de origem psicogênica (a censura) inibe o prazer. O processo educacional iniciado na infância para diferenciar o homem da mulher pode fazer com que o "organismo" guarde coisas para o futuro.

> O primeiro mandamento para viver um grande amor e uma sexualidade saudável é ter na infância possibilidades de edificar uma boa base corporal, simbólica e afetiva.

A deseducação do corpo sensorial pode ser revertida, com o tempo e as vivências, mas, em um grande número de mulheres, causa sequelas que às vezes permanecem até a velhice. Uma psicoterapia pode ser necessária para aprender a lidar com essas cicatrizes.

A escravidão das máscaras

O que percebemos no universo feminino dentro dessa cultura cristã e patriarcal — é claro que existem exceções — é que poucas mulheres

3. Infância: na menina, esboça-se a mulher

têm coragem de ser elas mesmas. A maioria adota papéis, veste máscaras e usa disfarces desde a infância.

— Não faça cara triste — diz a "mamãe". — Ninguém vai gostar de você. Ponha um sorriso nesse rosto. Seja gentil. E não suje o seu vestidinho.

E, assim, usamos gestos ensaiados. Cobrimo-nos de máscaras para sermos amados. Essas máscaras se transferem para o corpo, pois a criança acredita que essa (im)postura conquista a aprovação e o amor dos pais.

Cotidianamente, essa representação é reprisada até a adolescência e continua na fase adulta e pelos anos afora, em uma vida sem graça, brilho ou poesia.

Nossos campos sensoriais são moldados por forças familiares e sociais.

Quanta energia é gasta nesses *scripts*!

Causa um tremendo desgaste viver um roteiro alheio às nossas aspirações mais profundas, indiferente aos líricos anseios pessoais de cada um de nós.

Uso o termo "lírico" porque a poesia está em viver o que é nosso. Tem-se, assim, o lirismo, a criatividade e o brilho. E tudo isso é nosso, é seu!

Todo gasto extra é usado nas *personas*, nos disfarces e nas caricaturas. Pouco sobra para o prazer. Eis um atalho rígido para marcar um encontro futuro com a depressão e o pânico.

O desgaste crônico vai acabando com as substâncias químicas responsáveis pelo prazer e pela motivação de vida, os chamados neurotransmissores, sobretudo a noradrenalina e a serotonina.

Após os 30/35 anos, esses personagens "adotados" na infância começam a cansar e, então, diversas mulheres tentam desesperadamente livrar-se deles tomando antidepressivos e ansiolíticos. Esses dois comprimidos, um para combater a depressão e o outro, a ansiedade, são hoje os medicamentos mais consumidos no mundo.

A solução mais saudável é buscar um bom terapeuta e mudar o roteiro. Um que seja da própria mulher.

Mulher

As aparências enganam

Conhece aquela moça que é a alma da festa? Pois é, é ela mesma. Certa vez, no consultório, ela me confidenciou a sua dificuldade em ter orgasmo com o namorado por falta de coragem para se comunicar.

Para ele, demonstra orgasmos cósmicos. Sozinha, no seu quarto, chora suas tristezas e, em público, ilumina-se como uma lâmpada de mil watts.

Quando era criança, ela usou um vestidinho alegre para ganhar o amor e a aprovação dos pais; hoje, aos 23 anos, ainda não se libertou desse *script*, ainda desempenha esse papel, ainda quer aprovação! Parece ser essa a única forma de sua sexualidade e de sua feminilidade serem aceitas por um homem.

E, assim, o velho ditado "As aparências enganam" outra vez é confirmado.

Mais vale uma gordinha feliz e orgásmica do que uma Marilyn Monroe infeliz, deprimida e suicida.

Chico Buarque e Edu Lobo ilustram as inseguranças quanto aos supostos "defeitos do corpo" na música "A Ciranda da Bailarina":

Procurando bem
Todo mundo tem pereba
Marca de bexiga ou vacina
E tem piriri, tem lombriga, tem ameba
Só a bailarina não tem
E não tem coceira
Verruga nem frieira
Nem falta de maneira
Ela não tem.

Mas, procurando bem, até a bailarina tem!

3. Infância: na menina, esboça-se a mulher

Dicas para superar dúvidas que preocupam os pais

- Comportamentos exibicionistas, como andar nu e mostrar o genital, ou *voyeuristas*, como olhar pela fechadura do banheiro enquanto a prima ou o primo toma banho, são comuns e naturais na infância. Não constituem desvios. A repressão da sexualidade infantil pode ter efeito contrário a ponto de fixar o adulto em comportamentos saudáveis na infância, mas não na maturidade.

- Se a sua filha adora se vestir com roupas de menino ou seu filho quer brincar de boneca ou gosta de dançar, não se preocupe, nem interprete o fato como tendência ao homossexualismo. Em geral é só uma fantasia. A identidade sexual se formata por meio de vários parâmetros ou códigos que as pessoas vão experimentando ao longo da infância e da juventude.

- Descobrir que seu filho e os amiguinhos andaram brincando de "troca-troca" também não deve causar pânico, nem significa tendências ao homossexualismo ou às orgias. É só um jogo, uma brincadeira motivada por altos índices de hormônios no início da puberdade. Uma conversa franca pode ajudá-los a compreender sua sexualidade que está se expressando em um corpo ainda desconhecido e direcionar sua excitação para um foco específico.

- É muito importante ficar atento aos sinais e sintomas de abuso sexual:
  - depressão e apatia constantes;
  - extrema timidez;

Mulher

- problemas para dormir (pesadelos e terror noturno);
- medo exagerado de ficar só;
- queixas físicas como dores de cabeça e abdominais sem causa médica aparente;
- roupas de baixo com rasgos e/ou manchas;
- sangramentos, arranhões e inchaço nos órgãos genitais ou na boca;
- corrimento vaginal e micção frequente nas meninas;
- comentários sexuais sobre o corpo da criança feitos por adultos próximos;
- mudança repentina e extrema de comportamento. Ex.: perda de apetite, isolamento social, problemas nos estudos, medo de adultos na escola. Observe bem quando a criança não gosta de ir a determinado lugar ou de passar tempo com certa pessoa.

Em caso de suspeita, procure um médico de confiança ou um serviço especializado em atendimento a crianças vítimas de abuso.

4. Adolescência: entram em cena os hormônios

Agora eu era o herói
E o meu cavalo só falava inglês
A noiva do *cowboy*
Era você além das outras três
Eu enfrentava os batalhões
Os alemães e seus canhões
Guardava o meu bodoque
E ensaiava um rock
Para as matinês
Agora eu era o rei
Era um bedel e era também juiz
E pela minha lei
A gente era obrigada a ser feliz
E você era a princesa que eu fiz coroar
E era tão linda de se admirar
Que andava nua pelo meu país
Não, não fuja não
Finja que agora eu era o seu brinquedo
Eu era o seu pião
O seu bicho preferido
Vem, me dê a mão
A gente agora já não tinha medo
No tempo da maldade

Mulher

Acho que a gente nem tinha nascido
Agora era fatal
Que o faz de conta terminasse assim
Pra lá deste quintal
Era uma noite que não tem mais fim
Pois você sumiu no mundo sem me avisar
E agora eu era um louco a perguntar
O que é que a vida vai fazer de mim.

"João e Maria", Chico Buarque

De repente, o corpo é inundado por hormônios, e a sexualidade, antes lúdica e desorganizada, passa a direcionar-se para o genital. Meninos e meninas entram na adolescência, fase marcada por rápidas e profundas transformações.

Segundo o psiquiatra Içami Tiba, que trabalha com adolescentes há mais de 40 anos, "a adolescência é um segundo parto, em que o ser humano se desprende da família para procurar seus próprios caminhos, isto é, nasce da família para entrar na sociedade".

Independentemente da cultura e da comunidade, existem fatores psicológicos inerentes ao desenvolvimento da adolescência que foram abordados por Chico Buarque, de maneira poética, na letra de "João e Maria":

4. Adolescência: entram em cena os hormônios

a. onipotência e onisciência: o adolescente tem a força e sabe tudo; sente-se o herói, o rei, o bedel e o juiz;

b. ambivalência e luta contra figuras de autoridade, como pai, professor, médico; enfrenta batalhões, os alemães e seus canhões;

c. ambivalência entre crescer e permanecer criança: pela manhã, o bodoque; à tarde, o ensaio do *rock*;

d. idealização amorosa (ou pensamento mágico): a "obrigação" de ser feliz; achar que no tempo da maldade "a gente nem tinha nascido", chamá-la de "princesa que eu fiz coroar";

e. medo de tudo o que tiver sido recalcado: o medo da maldade, do desconhecido, da noite que "não tem mais fim";

f. negação do medo: "a gente agora já não tinha medo";

g. impacto da realidade: aos 17 ou 18 anos, leva um tombo no confronto com a realidade, descrito como "agora era fatal que o faz de conta terminasse assim", "pra lá deste quintal" (o mundo);

h. desenvolvimento da identidade: segue até os 23 anos e na música se traduz pela pergunta "o que é que a vida vai fazer de mim?".

O que está havendo com o meu corpo?

Grandes modificações físicas anunciam quando a mulher se aproxima da maturidade sexual. Ocorre, também, uma reelaboração de sua imagem corporal.

A imagem corporal nada mais é do que o modo como cada um representa o próprio corpo e como age com ele em função dos estímulos recebidos. O corpo sempre é percebido e percebe, mas essa percepção tem um componente maior de fantasia do que de realidade.

O simulacro dos futuros seios, o início da menstruação e a mudança na forma de encarar a figura masculina — aquele que é diferente dela na estrutura anatômica — abrem uma nova dimensão na vida afetiva da garota. Agora, ela está muito mais próxima da realização do seu papel de fêmea.

Mulher

Por outro lado, a introdução em seu organismo de toda uma gama de hormônios acarreta uma transformação no seu corpo e na sua estrutura psicológica. Obriga a uma redefinição de sua personalidade infantil e da sua autoimagem.

Quando esta menina é escolarizada e recebe apoio de adultos significativos afetivamente, as preocupações constantes com a menstruação, o início da atividade sexual, a virgindade, os métodos anticoncepcionais, o aborto e a gravidez indesejável começam a fazer parte do seu universo e solicitam uma reformulação de sua vida para atender às exigências dela própria e da sociedade.

Para meninas sem escolaridade e abandonadas afetivamente, tudo pode assustar e embaralhar imagem e sensação. O não conhecimento **gera medo**. O conhecimento **gera segurança**. A diferença entre as jovens é bastante perceptível durante o atendimento.

A adolescência é essencialmente uma fase de crise e, portanto, de possibilidades de crescimento e de maturidade, com reformulações que podem ser saudáveis ou não.

Estando bem estruturada, a menina tende a adotar uma atitude natural; caso contrário, se quer mostrar os seios, joga a coluna para trás, acentuando a lordose; se não quer, traz os ombros para a frente e entorta a coluna. Quando deseja esconder o bumbum, anda na praia de camiseta; se aceita bem suas curvas (ou a ausência delas), sai tranquilamente de biquíni.

A garota sofre diante do espelho

Nunca a mulher foi tão bombardeada por um modelo ideal de corpo quanto agora. Na adolescência, em particular, isso pode ser fonte de muita insegurança.

As garotas desejam ter o corpo da Shakira, da Gisele Bündchen, rosto de fada e formas perfeitas, mas como o organismo inteiro está mudando, elas sofrem muito.

4. Adolescência: entram em cena os hormônios

Nessa fase, as garotas geralmente não têm cintura e um dos seios pode ser maior que o outro; muitas vezes, têm estômago alto ou uma barriga que teima em aparecer.

Nesse ponto, a mídia atrapalha, já que vende a imagem do ideal. No tempo em que as mulheres não tinham como padrão um corpo idealizado, as modificações da adolescência transcorriam naturalmente.

Nesse período, o menino preocupa-se basicamente com o tamanho do pênis. Uma pesquisa feita pelo jornal *O Estado de S. Paulo* com adolescentes de várias classes sociais confirmou que em 94% deles prevalece esse tipo de preocupação.

Quando o garoto acha que o pênis está se desenvolvendo bem, toma banho nu no vestiário da escola ou do clube; do contrário, não tira a cueca nem para se lavar. Os testículos crescem primeiro, deixando os genitais desproporcionais: sacos grandes demais para um pinto pequeno. Por isso, o corpo também incomoda o garoto.

Mas a garota sofre mais. As mensagens recebidas na infância sobrepõem-se ao que está vivendo. Ela tem de ser bonita, exibir um corpo perfeito; já o menino precisa empenhar-se em conquistar coisas: ser bom no esporte, no futebol, no basquete. Aliás, tanto no trabalho como no amor, nós, homens, estamos preocupados demais com resultados.

A sexualidade masculina é alicerçada no desempenho; a feminina, na imagem do próprio corpo e no estereótipo da boa moça ou da *femme fatale*. Na adolescência essas duas imagens estereotipados e radicais permanecem como personagens que aos poucos vão encontrando expressão na individualidade.

A primeira vez

É na adolescência que a garota começa a namorar, a ir ao ginecologista, tem a primeira relação sexual. Chico Buarque fala com delicadeza sobre a primeira vez na música "Teresinha":

Mulher

O primeiro me chegou
Como quem vem do florista
Trouxe um bicho de pelúcia
Trouxe um broche de ametista
Me contou suas viagens
E as vantagens que ele tinha
Me mostrou o seu relógio
Me chamava de rainha
Me encontrou tão desarmada
Que tocou meu coração
Mas não me negava nada
E assustada eu disse não.

As circunstâncias da primeira vez nem sempre são as mais favoráveis. Em geral, a adolescente vai para a primeira relação sexual com medo da ruptura do hímen, preocupada com dor, sangramento, gravidez, se terá ou não orgasmo, o que os pais irão pensar...

O ambiente quase nunca é adequado. Às vezes, acontece no carro, na própria casa, na ausência dos pais, despertando o medo de ser surpreendida. E o garoto, por falta de prática, pode não ser o parceiro mais habilidoso.

A fantasia orgástica da mulher é diferente da masculina. Como se masturba menos do que o homem, ela acha que o orgasmo é uma coisa mágica: sinos tocando, um vulcão em ebulição. Tudo muito idealizado, como nos romances. Mas, na hora H, são tantos os pensamentos e medos em jogo que ela não relaxa. Resultado: nada acontece.

Muitas vezes, a preocupação em gemer em ré sustenido durante a penetração, para impressionar o garoto, leva embora o prazer. Isso também ocorre pelo temor frequente de que o namorado veja alguma parte do seu corpo que considera feia — um seio torto, uma coxa grossa ou celulite no bumbum.

4. Adolescência: entram em cena os hormônios

Medo, expectativa intensa e ansiedade são inimigos do bom sexo. Todos eles, principalmente o medo de "não desempenhar bem", liberam substâncias na corrente sanguínea, como a adrenalina, que dificultam a resposta sexual.

O orgasmo é sensorial, por isso é importante "cortar" a cabeça e deixar o corpo falar, ou seja, não pensar, não intelectualizar, pois essas funções são do cérebro desenvolvido chamado córtex, e o sexo deve ser função do cérebro sensorial.

Por não sentir nada de diferente ou especial na primeira vez, ela fica se perguntando: "É isso?". Na segunda, as expectativas são ainda maiores, e aí não acontece mesmo. Na terceira, já começa a fingir, com medo de perder o namorado. Percebe que o homem mede o amor da mulher considerando dois fatores: se tem orgasmo e com que frequência deseja manter relações sexuais.

Como o ginecologista pode ajudar

O ginecologista precisa estar preparado para lidar com essa fase de mudança, e não apenas com as cólicas e irregularidades menstruais.

Tem de saber muito a respeito da sexualidade da adolescente.

Grande parte dos problemas trazidos por ela está ligada ao despertar da sexualidade, à imagem corporal e, geralmente, esses problemas brotam em decorrência da dinâmica familiar.

O ideal seria que as famílias educassem
seus jovens para usufruir a sexualidade
de modo positivo e responsável.

Como em geral a família se exime do seu papel, cabe aos profissionais de saúde a tarefa de abordar esses temas, orientando sobretudo quanto à anticoncepção.

Outro ideal refere-se à época da consulta inicial: ela deveria acontecer logo após a primeira menstruação, a fim de que o profissional contribuísse

Mulher

para aliviar a dificuldade da adolescente em lidar com a imagem corporal e a autoimagem.

O médico pode ensinar princípios de higiene íntima, ajudá-la a integrar o próprio corpo, a entender o que é masturbação, a reconhecer sua sensualidade genital e autorizá-la a se tocar e a se descobrir.

A mulher é como um vaso lacrado: precisa ser tocado, acariciado antes da invasão. Ela precisa conhecer as alterações que ocorrem em seu organismo quando sente atração por alguém. Afinal, o desejo não modifica apenas o órgão sexual masculino, que cresce no tamanho e enrijece, mas também o feminino, cujo sinal mais evidente é o aumento da lubrificação vaginal. Além disso, a vagina se abre e se ergue, preparando-se para a penetração (ereção vaginal).

Mais do que o durante (penetração), o sexo é o antes (carícias preliminares) e o depois (relaxamento, diálogo e carícias).

Masturbação e outros mitos

Histórias de que a masturbação provoca espinhas, faz crescer o peito, conduz à infertilidade, causa doenças, embora não passem de mitos sexuais, para muitas pessoas constituem "mentiras com força de verdades", diz o sexólogo Gerson Lopes.

O ginecologista pode desfazer esses mal-entendidos explicando que a masturbação é um processo saudável e importante para que ambos os sexos conheçam suas sensações.

Por isso, deve ser vivenciada ao longo da vida, e não apenas na adolescência. É uma forma interessante e saudável de obter orgasmo e independe da virgindade, permitindo também treinar o sensorial e a fantasia.

O conteúdo dessas fantasias depende de fatores culturais, mas elas estão presentes em todos nós. Contudo, a resposta sexual à excitação difere entre os sexos. Por exemplo, o homem após o orgasmo é refratário à excitação por um tempo, que pode variar de 10 minutos em um jovem a

4. Adolescência: entram em cena os hormônios

14 horas num madurão como eu. Devido a essa característica, o relaxamento é total na masturbação masculina.

A mulher não tem esse período refratário. Após o orgasmo, ela cai num nível de excitação grande, ou seja, não fica totalmente saciada. Se os toques excitatórios forem mantidos, ela pode ir a outro orgasmo (são os tão falados orgasmos múltiplos). E a sensação de relaxamento só acontece depois de vários deles.

Essa característica fisiológica, somada aos fatores culturais e à falta de conhecimento do próprio corpo, faz com que a masturbação não seja tão praticada pela mulher quanto por nós, homens, que nos valemos do autoerotismo com o objetivo óbvio de aliviar a excitação sexual. A mulher, ao contrário, pode terminar mais excitada que antes. Por isso, os vibradores com pilhas de duração ilimitada são tão aceitos pelo sexo feminino, que constitui 90% do público das *sex shops*.

Mas como só se aprende a amar, amando, a garota tem de namorar, ficar, rolar. Vivenciar as sensações de prazer preliminares, depois começar a vida sexual com a pessoa certa, pelo motivo certo, na hora certa.

Porém, a jovem ainda teme. Teve cinco namorados e já se acha leviana. Podem chamá-la de "galinha".

Os adolescentes sofrem muitas influências da turma, da escola e da mídia e, na maioria das vezes, a mídia mais atrapalha do que ajuda.

Antes, a preocupação com a performance sexual só atingia o sexo masculino. Depois da revolução sexual, a mulher também foi contaminada. Hoje, ela quer ser uma atleta sexual olímpica, fazer posições exóticas que revelem a habilidade de uma gueixa, acrescentar posturas ainda mais acrobáticas às citadas no *Kama Sutra*.

Além disso, a mídia transmite uma mensagem extremamente conflitiva para os adolescentes. Fala muito de aids, por exemplo, mas, de acordo com minha experiência no consultório, os grandes temores dos jovens são a gravidez e o aborto. Essa insistência em falar de aids também não me agrada porque reforça a mensagem de sexo como transmissor de doenças e despreza o lado saudável que é, sem dúvida, o mais experimentado.

Mulher

Uma forma de afastar esses perigos e temores é ir ao ginecologista antes da iniciação sexual para esclarecer suas dúvidas.

Rompendo os medos

Um dos medos mais fortes enfrentados pela adolescente é de que o rompimento do hímen provoque dor e sangramento. Na verdade, como essa membrana é muito fina, dificilmente isso acontece.

O que, na verdade, causa dor é o medo. Ele faz a mulher contrair seus músculos a ponto de impedir qualquer passagem pela vagina.

A famosa hemorragia também não costuma ocorrer, apenas um leve sangramento, a menos que a mulher fique rígida demais.

Agora, o lugar para esse acontecimento é muito importante. De modo geral, não é recomendável iniciar a vida sexual em ambiente tenso, com a possibilidade de ser surpreendida por alguém, como no carro ou no quarto do namorado. O ambiente deve ser relaxante.

É importante conscientizar a garota dos fatores que podem gerar medo, ansiedade, inibição e dos que facilitam a "entrega".

A idealização do parceiro atrapalha. Em geral, a garota vê o namorado como um ídolo, quase um deus, alguém muito experiente, quando na verdade ele pode não passar de um menino assustado. Os ídolos foram feitos para serem admirados a distância. A visão de ídolo ou príncipe encantado dificulta a intimidade e a formação de vínculos. Aliviaria muito a ansiedade da adolescente saber que seu parceiro está tão apavorado quanto ela.

A preocupação em relação ao comportamento do namorado também prejudica. Muitas temem ser abandonadas depois de perder a virgindade e acham que nenhum outro homem as aceitará; outras fantasiam que desse momento em diante vão dormir com todo mundo.

Vale a pena ressaltar que a mulher na sociedade atual está sendo valorizada pelo que é, como um todo, e não pelo hímen, embora algumas religiões orientem para a virgindade vaginal, o que leva as

4. Adolescência: entram em cena os hormônios

Dicas para facilitar a primeira vez

- Caso o ambiente traga qualquer tipo de preocupação, é melhor escolher outro lugar.
- Se houver receio de exibir o corpo, não custa nada apagar a luz. No breu, ninguém verá celulite, gorduras localizadas e outros "defeitos" que incomodam as garotas.
- Algumas posições a inibem? Evite-as. Converse a respeito com seu parceiro. Do contrário, corre-se o risco de sentir frustração em vez de prazer.
- Acha que música relaxa? Ligue o aparelho de som.
- Gosta de criar fantasias? Então, dê asas à imaginação.
- O telefone pode tocar e atrapalhar? Desligue.
- Está com medo de ter suado ou sentindo-se desconfortável com seu cheiro? Tome um belo banho antes e passe um creme perfumado.
- Um copo de vinho pode ajudar a relaxar. Faça um brinde.
- Para afastar a preocupação com a gravidez, escolha um anticoncepcional eficiente.
- **O mais importante: conheça bem seu corpo, suas ansiedades, seus tabus e seu momento. Isso a ajudará a ter uma relação sexual tranquila e prazerosa, mesmo sendo a primeira vez.**

jovens a iniciarem sua vida sexual pela penetração anal. E o velho tabu ainda persiste em alguns países "desenvolvidos". No Japão atual, 80% dos homens exigem uma noiva virgem. Ali, são restaurados cerca de 40 mil hímens por ano, em uma cirurgia conhecida como "hímen renascido".

Seja como for, a presença do médico na vida da adolescente tem como objetivo não só alertar, mas também diminuir e aliviar angústias

Mulher

e medos pela orientação. O uso de anticoncepcionais eficientes afasta o fantasma da gravidez e permite a ela se apropriar da sua sexualidade.

A ditadura do orgasmo

Sexo é uma experiência espontânea, sem hora marcada e, por isso, pode acontecer quando menos se espera. Dessa forma, a lua de mel é o pior momento para iniciar a vida sexual, como bem disseram nossas mães e avós, que tiveram grandes problemas com essa expectativa. O melhor é deixar acontecer. Talvez em uma viagem de fim de semana...

Sabendo ser esse um momento inesperado, a garota deve se precaver e escolher, orientada pelo médico, um método anticoncepcional eficiente e seguro; do contrário, ela corre o risco de engravidar, abortar e tornar o homem responsável pelo seu prazer. Em outras palavras, tem tudo para ficar anorgásmica. É a famosa síndrome da Bela Adormecida. E não faltam príncipes que se sintam responsáveis por essas donzelas.

Hoje é comum as jovens (por curiosidade) se iniciarem sexualmente com um amigo. Muitas se dão bem até porque as expectativas diante de um amigo diminuem bastante em relação ao "príncipe". Com certeza, a magia será menor, mas essas experiências bem-sucedidas demonstram que sexo e amor nem sempre andam juntos.

É mister fantasiar o real, desde que essa fantasia não destrua a realidade do gozo.

O orgasmo é como um fim de festa. Mais importante do que o encerramento é esperar pelo evento e curtir a festa, o prazer do jogo sensual e erótico das preliminares. Pelo prazer experimentado se pode chegar ao orgasmo, mas a exigência de "querer chegar" torna tudo mais difícil. Por isso, curta a "festa".

Se há 30 anos o orgasmo era atribuído a mulheres inidôneas e proibido às "respeitáveis esposas e mães", hoje ele é obrigatório. Essa pseudo-obrigação a que as mulheres de hoje estão submetidas é mais uma forma de dominação machista. E também uma maneira de impedir

4. Adolescência: entram em cena os hormônios

que elas gozem. Por quê? É simples: nada mais preocupante e assustador para um homem do que uma mulher que goza fácil e muito.

"Se não goza, é problema. Se goza fácil, também. Vá entender a insegurança masculina!". O direito de ter um orgasmo não pode ser substituído pela obrigação. O orgasmo é algo que simplesmente acontece.

Chegar juntos é mais difícil ainda. Não vale a pena perseguir esse objetivo. A mulher e o homem têm ritmos sexuais diferentes. Enquanto os homens são ansiosos sexuais crônicos, o desejo da mulher é cíclico e varia conforme as alterações hormonais, sociais, psicológicas etc. Não há motivo para se sujeitar ao ritmo do outro. É necessário saber dizer "não" quando não se tem vontade.

O casal tem de aprender a organizar um ritmo adequado ao ansioso homem e à cíclica mulher. Muitas vezes, se a mulher não ajudar seu parceiro, a ejaculação será tão rápida que ela não terá nem mesmo tempo de se despir.

A mulher pode ensinar ao homem que é o processo que leva ao orgasmo, não o compromisso com ele.

Acariciando e acalmando o parceiro, a mulher consegue mostrar a ele que devagar pode ser mais gostoso e que ela não tem pressa de ser penetrada, apontar as regiões onde prefere ser tocada e reduzir a ansiedade do parceiro, transmitindo que o melhor da relação sexual é ficar juntos, durante o maior tempo possível, curtindo todos os momentos. Isso é prazeroso!

Assim é na vida: o processo vivido determina a qualidade da existência, e não as metas alcançadas. Se focalizarmos apenas a meta, quando chegarmos lá, sentiremos um vazio. Podemos até atingir o orgasmo dessa forma, mas nunca o prazer.

O risco da gravidez

O relacionamento sexual pode ser inconsequente e irresponsável em qualquer idade, contudo, entre adolescentes, o preço pago, muitas vezes, é alto.

Mulher

Diversas pesquisas nacionais demonstraram que as adolescentes normalmente iniciam sua vida sexual sem usar qualquer método contraceptivo. Em estudos conduzidos com puérperas adolescentes (puerpério é o período posterior ao parto), o dr. Nelson Vitiello constatou que a faixa etária mais frequente para o início das relações sexuais situa-se entre 15 e 16 anos. A maioria das jovens, quando não se inicia nessa faixa, seleciona um pouco mais e só começa depois de dois anos.

Embora a vivência da sexualidade possa ser muito benéfica para o adolescente crescer como pessoa, também apresenta efeitos colaterais. O que mais assusta é a possibilidade de uma gravidez indesejada, então, a culpa e a destrutividade podem ocupar o lugar do prazer. Chico Buarque abordou esses problemas nos versos da música "O meu guri":

> Quando seu moço nasceu meu rebento
> Não era o momento dele rebentar
> Já foi nascendo com cara de fome
> E eu não tinha nem nome pra lhe dar
> Como fui levando, não sei lhe explicar
> Fui assim levando ele a me levar.

Três complicações se evidenciam quando ocorre uma gravidez na adolescência:

a. Na classe baixa, ser mãe solteira é um caminho comum para a prostituição. Então, maior do que o ônus biológico de uma gestação na adolescência é o peso psicossocial desse evento: a sensação de culpa, a incompreensão da família, as limitações impostas por essa condição (é "aconselhada" a deixar a escola, tem dificuldades para arrumar emprego). A gravidez precoce é um dos temas abordados por Sandra Werneck no filme *Sonhos roubados*, de 2009. A cineasta retrata, de forma crítica e poética, a vida de três adolescentes da periferia carioca que resolvem se prostituir para realizar

4. Adolescência: entram em cena os hormônios

seus sonhos de consumo.

b. Na classe média, ocorre o casamento por conveniência. Essa solução coloca jovens que às vezes mal se conhecem diante de obrigações conjugais para as quais ainda não estão preparados, além de prejudicar a escolaridade e as atividades pessoais.

c. Na classe alta, acontece o aborto, que geralmente deixa sequelas orgânicas, psicológicas e afetivas, além de disfunções sexuais ou dificuldades em relacionamentos futuros devido à sensação de culpa acentuada pelas condições de clandestinidade em que é praticado.

E por falar em aborto

Em certas regiões da África e da América Latina, cerca de 30% a 40% das adolescentes tornam-se mães antes dos 18 anos.

No Brasil, dados do IBGE relatam que a gravidez em adolescentes brasileiras com menos de 15 anos tem aumentado nas últimas décadas. As complicações de gestação, parto e aborto inseguro são as principais causas de morte na adolescência.

O documentário *Ventre livre*, de 1994, ao qual tive a grata oportunidade de assistir durante o Festival de Cinema de Gramado, flagra a consequência do sono do gigante adormecido, anestesiado ou alienado — como vocês preferirem.

Em um registro equilibrado, aliado a uma boa montagem, a cineasta gaúcha Ana Maria Azevedo ressalta o país das desigualdades econômicas e culturais, em que a mulher é a grande vítima da hipocrisia do sistema.

Nesse país tropical, abençoado por políticos medíocres, ocorrem 50 mil mortes em consequência de abortos clandestinos. Na Bahia, é a primeira causa de morte materna. O aborto mata mais do que a aids e ninguém fala nada. Isso porque são mulheres que abortam!

Mulher

No mundo árido e racional do homem, é fácil classificar o ato como criminoso, indecoroso e vergonhoso, pois afinal a mulher é um ser inferior, não é? E pimenta nos olhos dos outros não arde mesmo!

Um aborto é sempre um acontecimento muito importante para o futuro da mulher, quer ela saiba disso, quer não. Um acontecimento que tem um efeito dinâmico inconsciente, estruturador ou desestruturador de sua vida simbólica — embora o esquema de clandestinidade no qual é praticado favoreça a irresponsabilidade sobre o ato. Não que o aborto deva ser sentido como um ato culposo, mas, no contexto machista em que ele acontece, esse sentimento é inevitável.

Abortar significa interromper bruscamente todo um processo energético e fisiológico crescente; significa romper com forças do futuro que, com alívio ou pesar, marcam de uma forma ou de outra sua afetividade, além de vestir uma roupagem social de marginal e criminosa.

A concepção de um ser é fonte de indagações e perspectivas maiores do que qualquer outro ato. Essa concepção acionará tendências evolutivas e involutivas se a mulher a elaborou e considerou com leviandade ou reflexão. Daí a importância de tomar uma decisão em campo "relaxado".

E nada é mais solitário do que essa decisão. Quando o parceiro não desaparece, sempre repete a mesma frase: "O que ela decidir, eu aceito!". Embora com cara de bonzinho, covardemente ele se afasta e não compartilha a decisão.

A maioria dos homens não sente e não compreende como essa desastrosa experiência é violenta e agride a identidade da mulher.

A fantasia persistente nessa mulher é de dano físico, pois ela conclui que sofreu lesões nos órgãos genitais que a deixarão estéril. E o pior é que isso, de fato, pode ter ocorrido se a interrupção da gravidez não foi feita de forma segura. A ilegalidade aumenta o perigo.

Tomada a decisão, cicatrizes emocionais tomam conta da mulher: manias, autorreprovação constante, baixa autoestima, ressentimento, agressividade, depressão, isolamento social.

Pobres dessas adolescentes, desamparadas e muitas vezes privadas do afeto expresso por Chico Buarque de Holanda em "As minhas meninas":

As meninas são minhas
Só minhas na minha ilusão
Na canção cristalina
Da mina da imaginação
Pode o tempo marcar seus caminhos
Nas faces
Com as linhas
Das noites de não
E a solidão
Maltratar as meninas
As minhas não.

Quanta hipocrisia!

O Brasil apresenta índices altíssimos de mortalidade materna: entre 100 e 300 mortes por 100 mil nascidos vivos. Nas nações de Primeiro Mundo essa taxa varia de 2 a 10 em cada 100 mil. Sinal da precariedade de nossas condições de saúde.

Cerca de 13% das mortes maternas no país são decorrentes de complicações do aborto. Na Bahia, essa é a primeira causa de morte materna.

Segundo registros do SUS, ocorre um milhão de abortamentos por ano no Brasil, metade deles induzidos. Gastos exorbitantes são consumidos pelas complicações advindas dessas internações.

Pergunto: mas é um caso de saúde pública? "Pouca" hipocrisia na política de saúde?

Não seria mais humano e decente se os dois candidatos à presidência em 2010 combinassem uma mesma opinião pessoal sobre o tema aborto em vez de "mentir" por razões políticas?

A opinião clara dos dois tiraria a mesma quantidade de votos de ambos, mas seria um avanço no discurso e na posterior ação do vencedor, não importa quem fosse...

Mulher

O programa de atendimento para redução de danos em abortamento inseguro, iniciado no Uruguai e adotado pela Secretaria Municipal de Saúde de Campinas (SP), já provou ser um meio eficiente para reduzir em até 30% as mortes maternas por complicação do abortamento. Baseia-se no fato de que é um ato médico oferecer informações adequadas às mulheres decididas a fazer aborto para que possam realizá-lo da maneira mais segura possível.

Em janeiro de 2010, dei uma entrevista, junto com outros colegas, para a revista *Veja* sobre a importância de o ginecologista orientar a mulher que decidir abortar.

Resultado: por queixa de um ginecologista gaúcho, mais uma vez fui notificado para ir ao CRM.

Tudo de novo: advogado, perda de tempo, gastos para me defender.

Convém salientar que esse programa, que motivou a denúncia, conta com o apoio do Ministério da Saúde e da Federação Brasileira das Associações de Ginecologia e Obstetrícia (Febrasgo).

Vamos acompanhar se vai evoluir ou se a hipocrisia continuará matando as mulheres.

Uma postura humana – reduzindo riscos e danos em aborto inseguro

— Doutor, já estou decidida. Minha pílula falhou, minha amiga me deu Citotec e só quero uma orientação de como usar e, se por acaso eu tiver uma hemorragia ou complicação, algum hospital que eu procurar vai me denunciar. Posso ser presa?

a. O médico deveria auxiliar na orientação de como usar o medicamento.

b. No caso de não funcionar, orientar para não procurar curiosos, e sim uma clínica (clandestina), e informar sobre exames (RH, por exemplo; se der negativo, ela deve tomar uma vacina).

4. Adolescência: entram em cena os hormônios

c. Orientar que alguns hospitais, mesmo públicos, já são mais humanizados e progressistas em relação a esse tipo de atendimento, conforme orientação do novo Código de Ética Médica, apoiado por associações médicas e pelo Ministério da Saúde. O médico e o hospital "não podem denunciar esse fato, pois seria quebra de sigilo médico e estariam sujeitos a processos éticos civis".

d. Retorno assim que tudo terminar para revisão clínica e orientação anticoncepcional.

Por enquanto, a melhor forma de evitar o aborto e os outros dois desfechos nada satisfatórios (ser mãe solteira ou casar por conveniência) é legitimar o sexo e o afeto e orientar as adolescentes antes de uma gravidez indesejável. O único caminho capaz de abrir essa possibilidade é a educação afetiva e sexual.

Contraceptivos eficazes

Os principais parâmetros para determinar a escolha de um anticoncepcional na adolescência são: eficácia, reversibilidade, ausência de efeitos colaterais, facilidade de uso e preço acessível. Aplicando esses critérios aos principais métodos disponíveis, vamos perceber quais se adequam melhor às necessidades da jovem mulher:

— **Pílulas anticoncepcionais (comprimidos compostos de hormônios sintéticos que impedem a ovulação).** São os mais recomendados pela facilidade de uso. Elas funcionam imitando a gravidez em um processo que consiste em bloquear a produção de estrógeno e progesterona. Ao introduzir na corrente sanguínea "substitutos sintéticos" para esses hormônios, as pílulas enganam o cérebro, que deixa de enviar estímulos aos ovários para produzi-los de forma natural. As de última geração apresentam

Mulher

dosagens hormonais extremamente baixas. Em comparação com as pioneiras, não oferecem riscos à saúde e ainda trazem benefícios: reduzem a tensão pré-menstrual e as cólicas, protegem contra endometriose, câncer de útero e dos ovários, favorecem a regularidade menstrual e ainda melhoram a acne.

— **DIU (dispositivo intrauterino que impossibilita a fertilização e a implantação do ovo).** Há 3 décadas acompanho o uso desse método. A sua melhor indicação seria em pacientes acima de 30 anos que já engravidaram. Em jovens contraindicaria, pelo fato de aumentar o fluxo sanguíneo durante a menstruação, podendo facilitar com o decorrer dos ciclos a endometriose e comprometendo a fertilidade futura.

— **Métodos de barreira (o *condom*, preservativo ou camisinha).** Este método tem a vantagem de prevenir doenças sexualmente transmissíveis e não oferece complicações, mas nem sempre é aceito pelos parceiros; além disso, é preciso orientação adequada quanto à forma de utilizá-lo. Quando a adolescente recusa outros métodos por julgá-los pouco naturais e não sente pudor de manipular os genitais, a alternativa recomendada é o diafragma, uma cúpula de borracha que cobre a entrada do útero.

— **Métodos de abstinência periódica (tabelinha, observação do muco ou da temperatura basal).** Não são recomendados porque fazem parte do "museu da contracepção". E, como se não bastasse, esses métodos requerem disciplina e motivação, qualidades nem sempre encontradas nas adolescentes, que tendem a considerá-los pouco românticos.

— **Coito interrompido (retirada do pênis da vagina antes da ejaculação).** Embora muito utilizado, nunca é indicado, devido ao alto índice de falhas e também por dificultar o relaxamento e o orgasmo.

4. Adolescência: entram em cena os hormônios

— **Pílula do dia seguinte.** Composta de alta dose de estrógenos, é recomendada em casos de estupro ou sexo sem proteção. Para ser eficaz, deve começar a ser tomada nas primeiras 48 horas após a relação sexual. Não deve ser usada no cotidiano.

Anticoncepcionais do Terceiro Milênio

— **Implantes hormonais:** São pequenos tubos de silástico (um tipo de silicone), colocados sob a pele, que liberam quantidades mínimas e eficazes de hormônios (elcometrina e gestrinona). É um anticoncepcional eficientíssimo (em nossa experiência não registramos nenhuma gravidez): suspende a menstruação, acaba com a TPM, protege e cura a endometriose (doença que provoca infertilidade), reduz o aparecimento de miomas uterinos, diminui a anemia e protege contra o câncer ginecológico. Eles são colocados na região superior das nádegas (são completamente diferentes do implante que é colocado no braço), com anestesia local. Não é preciso ponto. Confortáveis, não causam incômodo durante o uso. E, como entram pela pele (subcutaneamente), seus hormônios não passam inicialmente pelo fígado, por isso seus efeitos colaterais são mínimos. Em algumas mulheres pode ocorrer aumento da oleosidade da pele, problema resolvido com o uso de uma fórmula manipulada. Em termos estéticos, a grande maioria das usuárias desses implantes perde peso, define a musculatura e perde celulite. No âmbito psicológico, observa-se aumento do desejo sexual e melhora na motivação geral e na autoestima. Nossa experiência de muitos anos de uso mostra que a imensa maioria das pacientes que usam está satisfeita. São 6 implantes de hormônios diferentes que usamos em combinações específicas para cada caso. A dose também é individualizada pelo IMC (Índice de Massa Corporal), e pelo fato de ser fumante ou não fumante, ativa fisicamente ou

Mulher

sedentária e obesa ou anoréxica. A troca pode ser semestral ou anual. Esses implantes são avanços que vieram para ficar.

— **Anel vaginal** (*nuvaring*)**:** É um anel colocado uma vez por mês no fundo da vagina pela própria paciente. A absorção dos hormônios se faz pela mucosa vaginal, sem passar pelo fígado. Eficiente e reversível, ele oferece efeitos colaterais mínimos e não atrapalha a relação sexual.

— **Adesivo** (*evra*)**.** É semelhante à pílula anticoncepcional, porém colocado suavemente na pele. A troca é semanal. É eficiente e seus efeitos colaterais são mínimos. Eventualmente podem acontecer irritações no local de aplicação.

— **DIU com hormônios** (*mirena*) – É um DIU moderno que libera progesterona no útero, diminui e elimina o fluxo menstrual. Eficiente, provoca mínimos efeitos colaterais, porém não bloqueia a ovulação, e isso significa que na maioria das usuárias as cólicas e a TPM podem continuar. Também pode ser usado como coadjuvante na reposição hormonal.

A pílula vista mais de perto

A pílula anticoncepcional já é cinquentona. Ironicamente, ela chegou à maturidade no Dia das Mães. O aniversário de aprovação do primeiro contraceptivo oral coincidiu com essa data, que celebra a maternidade.

Outra ironia é que hoje, apesar de haver mais de 100 milhões de mulheres que tomam pílula no mundo, um terço dos 200 milhões de gestações anuais (75 milhões) não é planejado. Nos Estados Unidos o índice é maior: 50%.

A pílula recebeu o crédito de favorecer uma das maiores revoluções sociais do século XX. Mas é preciso desfazer o mito de que essa

4. Adolescência: entram em cena os hormônios

revolução tenha acontecido imediatamente após sua aprovação. Nos anos 1960, pouquíssimas mulheres solteiras usavam a pílula. Só as casadas podiam comprar. E, nos anos 1970, a maioria das solteiras sexualmente ativas não adotava nenhum método. Quem esperava o fim dos nascimentos fora do casamento errou.

No Brasil tricampeão da Copa de 1970, a música dizia "90 milhões em ação, para frente, Brasil". Em 2000 a população chegou a 180 milhões. O Brasil simplesmente duplicou sua população nessas décadas em que a pílula tornou-se disponível.

Houve, porém, uma significativa redução no número de filhos por mulher, de 6,633 em 1960 para 2,2 por volta do ano 2000.

A ascensão das mulheres no mercado de trabalho é uma conquista inegável atrelada ao controle eficaz da natalidade proporcionado pela pílula.

O contraceptivo oral deu à mulher o poder de decidir se queria mais educação, cultura e trabalho gratificante antes de constituir família.

Em termos de saúde pública, a pílula também foi uma revolução, ao criar a possibilidade de evitar o número de abortos clandestinos, por exemplo. E assim ela ajudou a escrever a história da nova mulher.

Após meio século de mercado, porém, ainda existem muitos mitos e tabus em relação ao método.

Mito nº 1: Pílula dá câncer.

Todas as evidências clínicas e científicas demonstram o contrário: a pílula protege o ovário e o útero do câncer, e a mama dos tumores benignos.

Mito nº 2: A pílula é antinatural.

Errado, a pílula imita o que ocorre no organismo feminino durante a gravidez. Na década de 1950, os pesquisadores observaram que durante a gestação a mulher não "ovula", então tiveram a ideia de fornecer a ela um comprimido capaz de suprimir a ovulação, assim como acontece naturalmente na gravidez.

Mulher

Mito nº 3: A pílula tem muito hormônio.

Os modernos contraceptivos orais bloqueiam o ovário, portanto evitam que hormônios naturais circulem em níveis muito mais altos (ovulação). E os sintéticos fornecidos ao organismo vêm em doses que foram reduzidas gradativamente ao longo de cinco décadas, sem comprometer a eficácia do método.

No caso das novas vias de administração — a pele (adesivo), abaixo dela (implante) ou mucosa (anel vaginal) —, a dose cai ainda mais por não ter a primeira passagem pelo fígado.

Quando usamos um medicamento via oral, nosso intestino absorve o princípio ativo e joga na circulação. Então, "antes" de chegar até o local de ação, ele inicialmente passa pelo fígado.

Pense em uma estrada com um pedágio. Os métodos que entram por vias não orais como o anel vaginal, a injeção, o adesivo, os implantes, têm a vantagem de não passarem primeiro pelo fígado, portanto, não pagam pedágio. Por isso os efeitos são melhores. Isso se aplica à anticoncepção e também à reposição hormonal.

Vencidos os mitos, a pílula é um método anticoncepcional que permite ao ginecologista **pensar grande**: em curto prazo, é eficiente e reversível, com poucas reações adversas negativas e muitos efeitos colaterais positivos. A médio prazo, preserva a fertilidade futura das jovens diminuindo ou suspendendo o sangramento e, consequentemente, os riscos de endometriose. Em longo prazo, protege do câncer e de doenças crônicas como os miomas e fibroses (tumores benignos).

Explicações para as falhas

Mas eis a pergunta que não quer calar: por que os índices de gravidez na adolescência continuam altos apesar de tantos e tão bons contraceptivos?

Antes de responder, relembro versos de Vinicius de Moraes, o poeta e conquistador com jeito de padre, copo de uísque na mão e

4. Adolescência: entram em cena os hormônios

sorriso macio, em "Maria do Gantuá", e constato: triste é ver Maria neste contexto.

> Maria era uma boa moça
> Da turma lá do Gantuá
> Era Maria-vai-com-as-outras
> Maria de cozer,
> Maria de casar.
> Porém, o que ninguém sabia
> É que tinha um particular
> Além de cozer,
> Além de rezar,
> Também era Maria de pecar.

Ainda hoje a maioria de nossas mulheres é educada para ser filha e mãe sem passar pelo estágio mulher. Só a escolaridade trará autonomia.

Passivas e inferiorizadas, elas são educadas para papéis, e não para a vida. Têm na maternidade seu passaporte para o reino dos céus.

Dependentes afetiva e economicamente de maridos, em geral autoritários e agressivos, submetem-se ao sexo e à tradicional família. Independentemente do desejo, passam a copular por medo.

Em uma época em que a iniciação sexual do adolescente ocorre mais cedo, em que a criatividade parece substituída pela produtividade e pela poesia, pelo materialismo obsessivo, é natural que os vazios existenciais sejam preenchidos por uma possibilidade de amor, que é muito bem representada pela gravidez.

A crença de que "sexo não se planeja, acontece" é motivo para a adolescente não utilizar qualquer contraceptivo.

O romantismo mágico da idade a incentiva a esperar um príncipe encantado que a tomará nos braços e a fará mulher, tornando-a espectadora da relação sexual, e não corresponsável. Para ela, o uso de um anticoncepcional explicita a premeditação do exercício da sexualidade. Acabou-se o romantismo!

Mulher

Outro motivo comum entre adolescentes é a ideia fixa: "Isso nunca vai acontecer comigo". A adolescente traz resquícios do pensamento mágico da infância, que aos poucos vai sendo suplantado pelo pensamento lógico do adulto. Esse modelo mágico confere a ela uma inexplicável sensação de imunidade a certos problemas, como a gravidez, por exemplo.

As mudanças ocorridas no corpo da garota são vistas por ela como uma grande incógnita, e, temendo não ser fértil, o que na nossa cultura tem a conotação de não ser mulher, a adolescente pode simplesmente não usar ou interromper o uso do contraceptivo para fazer um teste, certificar-se de seu organismo perfeito. A gravidez funciona, então, como comprovação de sua fertilidade. Isso pode ser ainda mais preocupante se considerarmos que a primeira menstruação e os ciclos regulares com ovulação se iniciam mais precocemente nesse século XXI.

O homem, por sua vez, não participa da prevenção da gravidez. Afinal, não é ele que arca com as consequências, e a fertilização da companheira prova sua virilidade e força.

A culpa é um tormento!

A cultura cristã apresenta a maternidade como prêmio de bom comportamento e a infertilidade como castigo aos pecadores.

Se nosso ideal é a maternidade, ela estará representada em nós, de forma hierárquica. Qualquer atitude para evitar a concepção pode acionar mecanismos de defesa que fogem da consciência.

Sempre que o sexo for representado com um sinal de proibido, ao ultrapassar a linha divisória, a sensação de estar fazendo algo errado permite que se instale imediatamente no psiquismo um sentimento de culpa.

Em seguida, esse sentimento aciona um processo de "reparação".

E como se repara uma ação pecaminosa e ilegal? Rezando e pedindo perdão a Deus ou cumprindo uma penitência que acarrete sofrimento. "Afinal, sofrimento alivia a culpa."

4. Adolescência: entram em cena os hormônios

Então, a adolescente passa 15 dias sofrendo ao imaginar se a menstruação virá porque não usou método anticoncepcional ou escolheu algum pouco eficiente.

A culpa desaparece quando, finalmente, vem a menstruação. Mas, se ela falta e a gravidez é confirmada, qualquer das duas decisões — interromper a gestação ou ter um filho indesejado — prolonga o sofrimento por extensos períodos.

Assim se escreve a história de muitas mulheres sofridas, que vivem sua sexualidade e sua afetividade de forma destrutiva e conflitiva.

Pesam, ainda, fatores como a desinformação (o despreparo para a vida sexual), os custos do método (suas despesas são pagas pela família), o uso clandestino, a falta de cooperação do parceiro, o medo do tão difamado exame ginecológico.

Além disso, há vários preconceitos: pílulas engordam e diminuem a libido, DIUs são corpos estranhos, camisinhas tiram a sensibilidade (é como chupar bala com papel), diafragmas são pouco românticos, tabelas acabam com a espontaneidade.

Eventualmente, o bebê pode ser uma forma de agredir ou contestar o poder dos pais. Nesse caso, é comum a adolescente deixar "pistas" de sua atividade sexual. A mais evidente, sem dúvida, é a gravidez.

Os meios de comunicação também alimentam crenças equivocadas. As imagens exibidas desvinculam sexo de gravidez. Quantas vezes já vimos a cena em que a mocinha se deita na cama com o galã e discute com ele a necessidade de contracepção para afastar o risco de uma gravidez indesejada? Que protagonista de novela já perdeu tempo fazendo um Papanicolaou para prevenir o câncer de colo de útero, que tantas mortes causa no Brasil?

Nesse cenário, o ginecologista, vestindo um branco-pureza e com ares de sabedoria científica, insiste em discutir apenas o *spotting* (pequenos sangramentos irregulares durante o ciclo menstrual) da pílula ou o sangramento excessivo do DIU.

Repete protocolos e receitas sem ao menos ouvir sua paciente.

Quanta ingenuidade!

Mulher

Assumindo sua sexualidade

Quando a mulher opta por se prevenir contra uma gravidez indesejada, não está partindo do ponto zero, pois já assumiu que tem uma vida sexual ativa e que corre riscos de engravidar.

A forma como a mulher usa o anticoncepcional está intimamente relacionada à motivação, à disciplina e ao conhecimento. A motivação depende de ter superado (mesmo!) esses tabus, e a disciplina e o conhecimento dizem respeito ao uso constante e correto do método.

Motivada, disciplinada, esclarecida e livre de culpa, a mulher tem maior probabilidade de fazer a escolha pela anticoncepção e usar o método de modo adequado.

Assumir uma vida sexual ativa implica romper tabus e suplantar a culpa que vem junto com o prazer.

Decidir a favor da anticoncepção é aceitar e legitimar a própria sexualidade, é reafirmar a escolha por uma vida sexual ativa, e aí têm início o compromisso, a responsabilidade e, portanto, a liberdade.

A partir do momento em que o casal divide essa responsabilidade, um método eficiente proporciona a segurança necessária para viver todo o potencial sensorial e criativo da sexualidade humana.

Todo programa efetivo começa com o referencial interno de quem irá executá-lo. Segundo Wolber de Alvarenga, liberdade é igual a habilidade + responsabilidade + direito. Por exemplo, a criança que tem habilidade motora para comer sozinha e conhece sua fome responsabiliza-se por fazer seu prato e tem o direito de comer o que quiser — isso é liberdade de ação.

A mulher que tem habilidade (sensomotora) de explorar seu corpo e seu prazer, por sua vez, responsabiliza-se por seu desejo e tem o direito de buscá-lo onde e com quem quiser.

4. Adolescência: entram em cena os hormônios

A ameaça das doenças
sexualmente transmissíveis (DST)

Outro perigo do sexo sem proteção é contrair uma doença sexualmente transmissível.

A Organização Mundial da Saúde (OMS) estima que metade dos infectados pelo HIV (vírus causador da aids) tem idade inferior a 25 anos.

As DST são doenças de contato. Sexo é contato.

A camisinha, nossa salvação! Será?

O HIV chegou para impedir o contato. Mas o contato é vital. E aí?

Até recentemente, esse grupo de patologias, que inclui a gonorreia, a sífilis, a clamídia, o herpes e as verrugas genitais, era denominado doenças venéreas, em uma alusão às sacerdotisas dos templos de Vênus que exerciam a prostituição como forma de culto à deusa do Amor. Já existia a promiscuidade, um dos fatores determinantes das DST. Talvez por isso elas sempre trouxeram, além dos sintomas orgânicos, fortes componentes emocional e social.

Os rapazes iniciavam sua vida sexual com prostitutas, adquirindo eventuais DST que provocavam sentimentos ambivalentes: prova de virilidade, de um lado; sensação de culpa, impureza e sujeira, de outro.

O que diferencia a aids das outras DST é que, contrariamente à história, o vírus não veio supostamente da misteriosa e obscura vagina. Pela primeira vez, as mulheres são vítimas, e não algozes.

Quanto às demais doenças, acredita-se que o homem seja infectado pela mulher e que esta contrai a doença de um parceiro contaminado por outra mulher, provavelmente uma prostituta. Só que essa ideia é equivocada. Uma mulher saudável corre mais risco de ser infectada pelo parceiro doente do que vice-versa, e está mais sujeita a sofrer sérias consequências à saúde, como gravidez tubária, câncer do colo uterino e infertilidade.

Mulher

O que é alimento para um pode ser veneno para o outro. É um erro acreditar que o bom exclui o mau.

Equívocos perigosos

Um estudo realizado por duas amigas, as pesquisadoras argentinas Silvina Ramos e Mônica Gogna, sugere a existência de uma "epidemia silenciosa" de DST. Calcula-se que cerca de 18% das mulheres que procuram centros de planejamento familiar na América Latina têm gonorreia. No entanto, essas pacientes não consideram graves essas doenças, por várias razões:

a. Dificuldade de identificar os sintomas devido à falta de conhecimento ou porque um sintoma, em particular o corrimento, surge em algumas fases do ciclo menstrual.

b. Os sintomas podem manifestar-se em um parceiro e no outro, não.

c. Com exceção da aids, essas doenças não são tidas como prejudiciais à saúde.

d. A causa das doenças é relacionada à falta de higiene pessoal ou ambiental (banheiros sujos) e à seleção inadequada de parceiros sexuais.

Por temer mais as consequências sociais — a vergonha, a humilhação, a possibilidade de ser abandonada, a suspeita de infidelidade — do que eventuais danos ao organismo, as mulheres infectadas relutam em informar aos parceiros o diagnóstico, enquanto as saudáveis evitam perguntar a respeito da saúde ou do comportamento sexual do parceiro. E, assim, elas deixam de adotar medidas preventivas.

Os homens também não se cuidam, pois "um homem verdadeiro corre risco". A prevenção, supõem, pode impedir um encontro sexual. Também é bastante comum o homem "perder a ereção" ao usar a camisinha.

4. Adolescência: entram em cena os hormônios

Eis o maior problema: a prevenção das DST, como também o tratamento, depende largamente do homem e do posicionamento da mulher. Ambos precisam aceitar o uso do preservativo.

No momento, a queixa é geral. As pesquisadoras verificaram que ambos os sexos relutam: os homens não querem usar a camisinha, as mulheres não acham necessário.

Em discussões de grupos de adolescentes e mulheres em idade reprodutiva no ambulatório da faculdade de medicina, esse dado se confirmou: as mulheres não gostam quando o parceiro usa camisinha.

Dessa forma, a meu ver, só o contato amoroso pode ajudar a humanidade.

Para a adolescente, com seu pensamento idealizado, é difícil associar o amor à doença. Como alguma coisa tão mágica, o prazer sexual das trocas afetivas, pode matar? Essas associações complicam-se também pelo fato de os jovens serem muito imediatistas e, em um país como o nosso, terem pouca esperança de futuro.

Talvez as campanhas de esclarecimento devam ser direcionadas para o lado luminoso da vida. Em vez de falar em doença, relacionar a camisinha e seu uso ao jogo prazeroso que acontece antes da relação sexual. Desvincular a morte do prazer. Apresentar a camisinha ao lado de outras medidas que devem ser adotadas para cuidado geral da saúde, como alimentação equilibrada, exercícios físicos regulares, lazer.

Deixo aqui uma pergunta: não será a aids um produto dos preconceitos, da falta de condições mínimas de saúde e educação e da brutal repressão com que envolveram o sexo e o amor ao longo do processo de civilização?

A influência materna nos distúrbios do ciclo

Garotas com sérias queixas de cólica menstrual aparecem no consultório trazidas pelas mães. Em geral, apresentam histórias de pai omisso e mãe sufocante.

Mulher

Mães que apresentam conflitos em relação à própria sexualidade têm bastante dificuldade para aceitar o desenvolvimento da sexualidade da filha. O sentimento que está em jogo é a inveja da mãe em relação à filha.

Existem mães que chegam a ponto de controlar mensalmente o absorvente higiênico da garota no banheiro e, na falta de um, armam uma tragédia grega. Há também aquelas que telefonam antes da consulta para "encher" o ginecologista de orientações.

Quando há dificuldades no relacionamento familiar, é comum a filha identificar-se com a complicação da mãe. Em uma família com duas filhas, uma pode ser eleita bode expiatório, depósito de lixo, e a outra escapar ilesa, como em um caso que atendi durante vários anos.

Virgínia era linda, olhos verdes e corpo de bailarina. Procurou-me aos 18 anos queixando-se de intensas cólicas menstruais. Ficava prostrada na cama, não conseguia fazer nada, não ia à escola, às festas, nem às aulas de balé.

A história da mãe não era muito diferente. Adoeceu depois do parto e aos 37 anos havia feito histerectomia (retirada do útero) para se livrar de cólicas que a incomodavam demais.

Virgínia jamais aceitou a ideia de fazer terapia. Vivia trocando de ginecologista. Já se passaram mais de 15 anos desde que comecei a tratá-la e até hoje sua sexualidade é problemática. Ainda não conseguiu escapar da teia armada por sua "mãe-aranha", que a elegeu para ser a filha complicada da família.

Sua irmã, ao contrário, casou-se e teve dois filhos lindos, apesar de uma séria agressão sofrida na adolescência. Aos 17 anos, foi estuprada em um terreno baldio, depois de um assalto na rua. Passados seis meses, ela se reergueu, começou a namorar um rapaz bom e sensível, com quem mantinha relações sexuais afetivas e prazerosas.

Esse exemplo é para mostrar que uma mãe pode ser muito mais nociva e violenta que um estupro. Aí, eu concordo com o psicoterapeuta José Ângelo Gaiarsa: "A mãe pode ser a principal causa das complicações sexuais e amorosas da filha".

4. Adolescência: entram em cena os hormônios

A doença está na mentira

Virgínia adorava dançar. Essa era, talvez, a única forma de expressar sua feminilidade e suas emoções. Nunca conseguira desenvolver bem o seu lado feminino.

Durante as consultas, eu queria ficar a sós com a paciente para tentar descobrir algum outro fato que pudesse explicar a razão de suas dores menstruais, porém a mãe não se afastava dela um minuto sequer, nem mesmo durante o exame ginecológico.

Ela já tinha consultado muitos médicos, inclusive especialistas renomados, sem sucesso. Solicitei um ultrassom que revelou um pólipo endometrial, um pequeno tumor no interior do útero. Para observá-lo melhor, seria preciso fazer outro exame, uma histerossalpingografia, uma radiografia dos órgãos genitais internos em que se injeta um contraste pelo colo uterino. Nessa época, ainda não existia a video-histeroscopia, que utiliza uma minúscula câmera, introduzida pela vagina, para estudar o útero.

Havia, portanto, risco de danificar seu hímen durante o exame. A mãe de Virgínia me fez escrever um documento atestando que, se algo acontecesse, a responsabilidade seria minha.

Durante o exame, a pedido meu, o radiologista disse que só havia na sala três aventais de chumbo: um para mim, outro para o radiologista e o terceiro para a enfermeira. A mãe de Virgínia teria de aguardar lá fora. Foi então que consegui falar a sós com ela pela primeira vez. Depois disso, ela foi ao consultório e me contou mais a respeito de sua vida.

Certa vez, quando sua escola de dança foi visitar uma gafieira, ela conheceu um rapaz que dançava muito bem, mas que, por pertencer a outro nível social e ser casado, não podia se relacionar com ela. Sua mãe não sonhava com um genro assim: negro, feirante, com esposa e quatro filhos. Para completar, ela não aceitava tomar pílula anticoncepcional.

A pessoa só usufrui bem a sexualidade quando esta é legítima; do contrário, vive em conflito. E viver em conflito é arriscar engravidar ou adoecer, não admitir métodos anticoncepcionais eficientes, só aceitando aqueles que podem falhar.

Mulher

Muito informada, ela montava no computador um gráfico com a sua temperatura basal, fazia tabela, usava cremes espermicidas, porém não aceitava nenhum método mais moderno e eficiente. Tudo para complicar a vivência da sua sexualidade.

Virgínia tinha a maior dificuldade para se encontrar com aquele homem, entretanto, depois que começaram a se relacionar, suas dores tornaram-se mais brandas e com o tempo desapareceram. A mãe, porém, acabou descobrindo. Um dia, ela me telefonou com uma proposta absurda, que seria arquitetada junto com um psiquiatra: internar a filha para afastá-la do namorado negro.

Repito: a doença está onde existe a mentira e é resultado do processo.

Cada um no seu papel

Outra mãe patológica é a mãe superamiga da filha. Leva a garota a todos os lugares para controlar sorrateiramente suas ações. A tendência é adotar um comportamento infantilizado e competir com a garota.

Para a saúde da criança e do adolescente, "é fundamental que pai seja pai e mãe seja mãe", salienta o psicoterapeuta Içami Tiba. Amigos, os adolescentes têm demais. Precisam de figuras de autoridade para impor limites, ser o porto seguro onde eles possam atracar.

A adolescência dos filhos convida os pais a reviver a sua própria adolescência. Um homem com sérios problemas no desenvolvimento da sexualidade prefere ter uma filha; da mesma forma, uma mulher que enfrentou muitas dificuldades nessa etapa pode preferir ter um filho homem e valorizar demais o sexo masculino para não ter de rever suas experiências passadas.

Ainda que tenha enfrentado desafios, a mãe pode conversar com a filha a respeito de suas inibições, contar que não conseguia se tocar, masturbar-se, expor suas dúvidas e temores. No entanto, ao levá-la ao ginecologista, deve aguardar na sala de espera. Ou então só lhe restará exercitar a tirania do fraco.

4. Adolescência: entram em cena os hormônios

Dicas para as jovens pacientes (e mães muitas vezes aflitas)

* Se houver sinais de crescimento de mama ou de pelos genitais na menina entre 8 e 11 anos de idade, vale a pena ir ao ginecologista. Existem meios de prevenir a puberdade precoce.

* No início dos ciclos menstruais, entre 12 e 14 anos, uma conversa com o médico pode diminuir bastante a ansiedade em relação ao uso de absorventes, higiene, masturbação e virgindade.

* Em jovens com ciclos acompanhados de desconfortos, como cólicas durante o sangramento (porque irregularidade é normal no primeiro ano de menstruação), uma consulta médica pode orientar sobre meios de aliviar essas queixas.

* A orientação sexual e anticoncepcional, em linguagem simples, durante a consulta ginecológica, pode evitar estresse no início da vida sexual das jovens.

* Orientação adequada também previne bloqueios no que se refere ao desejo e ao prazer.

* A grande maioria das mulheres que apresentam a queixa de falta de orgasmo teve um início de vida sexual desastroso ou desorientado.

* Uma consulta alertando sobre como estranhos podem se aproximar (escola, internet) pode evitar casos de abuso em crianças e jovens.

5. Dos 25 aos 40 anos: entre a maternidade e o prazer

> O segundo me chegou
> Como quem chega do bar
> Trouxe um litro de aguardente
> Tão amarga de tragar
> Indagou o meu passado
> E cheirou minha comida
> Vasculhou minha gaveta
> Me chamava de perdida
> Me encontrou tão desarmada
> Que arranhou meu coração
> Mas não me entregava nada
> E assustada eu disse não.
>
> "Teresinha", Chico Buarque

No consultório do ginecologista, é mais fácil abrir as pernas do que o coração.

Quase sempre, a queixa sexual escondida no porão do cérebro aparece no sintoma descrito: corrimentos, dores, ardores, calores, ressecamentos vaginais... Muitas mágoas e decepções como as narradas no fragmento da música de Chico Buarque aparecem de modo sorrateiro. No final da consulta, quando o médico dá um espaço, a mulher diz:

Mulher

— Sabe, o senhor me perguntou, mas eu me constrangi e não falei: não sinto orgasmo. Nunca senti. Será que sou frígida?

— Não sei como é um orgasmo.

— Acho que já senti em uma relação ou outra.

— Meu marido reclama que eu não tenho muita disposição para o sexo.

— Ele diz que fiquei larga depois do parto.

De longe, o grande problema sexual das mulheres é o orgasmo, ou melhor, a falta dele. Aqui temos novamente o compromisso com o resultado. Em pleno século XXI, uma grande maioria ainda vive a síndrome da Bela Adormecida, da Cinderela e da Branca de Neve: sonha com um príncipe encantado que irá beijá-la e despertar sua sexualidade latente.

É verdade que boa parte das jovens, felizmente, já adota um comportamento novo. Pratica o autoerotismo (masturbação) e até compra os próprios brinquedos em *sex shops*.

Mas uma grande parcela das mulheres ainda está presa ao modelo antigo. No século XXI, a passividade na busca do conhecimento de sua própria sexualidade ainda é uma característica feminina. A mulher coloca "no outro" a responsabilidade pelo seu prazer. E, o que é pior, o outro, o homem, continua se achando o grande responsável pelo orgasmo feminino. Não é! A prática no acompanhamento de mulheres certifica isso.

No máximo, o homem é um coadjuvante que pode facilitar ou dificultar o desenvolvimento sadio da sexualidade feminina. Da mesma forma, a mulher pode ajudar o homem com ejaculação precoce a aliviar a sua ansiedade ou transformá-lo em um impotente.

Esse bonde chamado desejo

Sexualidade é energia, vitalidade.

Na infância, essa energia é canalizada para as brincadeiras, os jogos, a exploração curiosa do seu corpo e do outro. O lúdico é a base dessas descobertas.

5. Dos 25 aos 40 anos: entre a maternidade e o prazer

Na adolescência, aparecem os hormônios. O que era antes difuso direciona-se para o genital. Surgem a masturbação, os jogos pré-coito, o coito e a reprodução.

Com o desenvolvimento do cérebro, fantasias e pensamentos misturam-se aos toques. Passamos a sentir uma energia diferente denominada desejo, ou o popular "tesão". A saúde geral, a motivação de busca, a autoimagem e a autoestima, além da chamada "agressividade saudável", provocam o desejo acompanhado sempre de uma boa fantasia.

Sexo é natureza, e a natureza é agressiva. A vida de todos os animais é marcada pela luta da sobrevivência e da perpetuação dos genes.

No ovário, entre muitos óvulos, apenas um se desenvolve a cada mês e escapa; os outros atrofiam. Milhões de espermatozoides presentes no sêmen disputam esse óvulo selecionado. Só um alcança o alvo.

A natureza premia a agressividade, a força e a inteligência. É a seleção natural.

Lamento se você, leitora, não gosta das comparações de humanos com sub-humanos, mas posso afirmar, com grande tranquilidade, que estamos muito mais para macacos que ficaram em pé do que para anjos que caíram dos céus. Qualquer dúvida, olhe o mundo à sua volta e reflita acerca do zoológico humano que são as grandes cidades, a violência desmedida do animal acuado e faminto.

Em *Don Juan*, o escritor e antropólogo Carlos Castañeda diz: "Eu não preciso de escora nem de corrimão. Eu sei quem sou. Descobri que estou sozinho em um Universo hostil. E aprendi a dizer 'assim seja'".

Numa cultura católica como a nossa, é comum associar sexo a amor. Mas o que se "nega" é que o sexo, em muitas situações, está mais perto da agressividade do que da afetividade.

A expressão mundial *"fuck you"* é uma explosão violenta de raiva e ódio por alguém. No Brasil, "quero que ele se foda" exprime a agressividade da relação sexual. Pergunte a muitos casais como acontece a relação sexual após uma briga. Elas se caracterizam por excitação e orgasmos explosivos.

E as situações de sadomasoquismo associado ao sexo?

Mulher

Doenças patológicas? Sim, quando a experiência é excessiva e exclusiva.

Porém, o que dizer da palmadinha que muitas mulheres tanto apreciam?

O sexo também é expressão de **poder**.

O orgasmo das fêmeas

Sabia que a única fêmea que tem prazer é a mulher? Nenhuma outra fêmea animal sente orgasmo. Somente os machos têm prazer junto com a ejaculação.

Elas só deixam o macho se aproximar quando os hormônios impregnam o cérebro de modo que o seu instinto de preservação (pessoal) perca para o instinto de preservação da espécie (coletivo). Fora desse período, conhecido por cio, o macho pode até tentar, mas não consegue chegar perto, pois a fêmea o agride, e ele, então, se afasta.

O prazer veio com o desenvolvimento do *homo sapiens*. Ao ficar em pé, a fêmea dessa espécie passou a ter bebês muito dependentes. A marcha bípede diminuiu o tamanho da bacia e o uso dos braços e aumentou as dimensões do cérebro.

Cabeça grande, bacia pequena. As parteiras da época tiveram problemas. O jeito foi a natureza adotar um nascimento diferente: a cria viria ao mundo com a cabeça pequena e o cérebro pouco desenvolvido. Aí, a fêmea humana precisou de disposição e tempo para cuidar de uma cria tão dependente, pois, do contrário, ela morreria.

Sabe o que aconteceu nesse capítulo da novela humana? Apareceu o comportamento paternal: o macho tinha de proteger a fêmea e a cria. Assim, a natureza premiou a fêmea com prazer no sexo e, também, com desejo fora do cio.

O prazer sexual alargou-se e ampliou-se. Quantidade e qualidade. A posição anatômica da vagina da fêmea com o macho em pé também contribuiu para esse fato. Quando a fêmea humana fica em pé, o canal

5. Dos 25 aos 40 anos: entre a maternidade e o prazer

vaginal verticaliza para baixo. Se ela não permanecesse deitada pelo relaxamento do gozo, os espermatozoides teriam de engatar uma primeira para subir vagina acima. Haja motor!

Na posição deitada, ocorre o inverso: os espermatozoides "põem uma banguela" e se soltam ladeira abaixo. Entram no tobogã, reservando sua energia para subir em direção ao útero e às trompas. Daí a importância do relaxamento orgásmico na reprodução.

Esse detalhe anatômico, mais a manutenção e a extensão do orgasmo que a natureza lapidou para facilitar a manutenção do vínculo do casal, fizeram de nós a espécie com a sexualidade mais complexa e também a mais desenvolvida.

O império dos sentidos

A sexualidade feminina é envolta pelo mistério.

Eletrodos colocados nos genitais para avaliar a resposta sexual da mulher oferecem apenas alguns dados fisiológicos básicos. Essa resposta depende de muitos elementos desconhecidos e não se limita à equação linear: desejo + vasocongestão = orgasmo.

Os sentidos têm um papel de destaque nesse processo. O sexo é sensorial. Apesar de vivermos em uma sociedade altamente técnica, dominada pela imagem e pelos sons, o olfato é o sentido com maior capacidade de memorizar e reproduzir nossas emoções mais profundas.

As mulheres têm diferentes habilidades para perceber odores durante o ciclo menstrual, com máxima sensibilidade no período de ovulação.

As glândulas apócrinas, que produzem odores corporais, são bem desenvolvidas e aparecem em maior número no sexo feminino.

Estudos revelaram, ainda, que dormir cotidianamente com um homem aumenta a incidência de ovulação, independentemente de relação sexual. Supõe-se que o efeito seja provocado pelo odor axilar do parceiro. O cheiro é fundamental para a sexualidade humana, tanto para a atração inicial quanto para a manutenção de um relacionamento.

Mulher

A audição é muito mais importante na resposta sexual das mulheres do que na dos homens. Devido às diferenças entre os hemisférios cerebrais masculino e feminino, as meninas desenvolvem mais as habilidades verbais.

As mulheres têm maior necessidade de ouvir que são desejadas não só sexualmente, mas também amorosamente. A entrega é facilitada por situações afetivas e frases românticas; para os homens, pesa mais o estímulo visual. Olhos, boca, seios, região lombar, nádegas e ombros. Na comunicação do sexo, sabemos que essas regiões do corpo feminino são preparadas para atrair o parceiro sexual.

Desde a Antiguidade, a importância do batom é conhecida: vermelho, úmido e brilhante, imita os pequenos lábios vaginais em estado de excitação. Contudo, um dos mais poderosos estímulos sexuais é o toque, especialmente em áreas erógenas do corpo. O toque é o único sentido que não pode ser encoberto durante a entrega. A vasta extensão da pele e seus nervos altamente sensitivos e abundantes revelam seu valor.

Se as fantasias e o apetite sexual são suficientes para expressar-se em comportamento sexual, as carícias promovem uma mudança dramática na genitália. Ocorre a vasocongestão e o mecanismo sensorial se altera. Os genitais respondem, tornando-se ainda mais sensíveis ao toque.

Fisicamente, é muito simples

A resposta sexual feminina compõe-se de três fases sucessivas: desejo, lubrificação-tumescência e orgasmo.

Embora o desejo sexual feminino ainda não seja bem compreendido, já se sabe que o androgênio (hormônio sexual masculino), e não o estrogênio (hormônio sexual feminino), fornece a base hormonal para o impulso sexual. Do contrário, o interesse sexual desapareceria com a menopausa, em virtude da queda nos níveis de estrogênio, o que de fato não ocorre.

Na verdade, está comprovado que o desejo sexual feminino apenas diminui durante essa fase, mas não deixa de existir. Até porque, ao cair o

5. Dos 25 aos 40 anos: entre a maternidade e o prazer

hormônio feminino, não acontece o mesmo com o hormônio masculino. Isso explica por que algumas mulheres idosas se virilizam, isto é, adquirem características masculinas.

O desejo desperta um sentimento subjetivo de excitação sexual, seguido por uma reação generalizada de tensão muscular. Cerca de 10 a 30 segundos após o início de uma estimulação sexual eficaz, cresce o fluxo sanguíneo para os tecidos que circundam a vagina. Surgem gotículas no seu interior, que vão se agregando até formar a lubrificação vaginal.

O tamanho do clitóris aumenta ligeiramente. O útero se amplia e começa a se elevar, produzindo o efeito de uma barraca. A parte posterior da vagina se expande e infla para acomodar melhor o pênis. O ritmo cardíaco e a pressão sanguínea crescem logo após o início da estimulação sexual efetiva e tendem a subir paralelamente ao aumento da excitação sexual. Os seios tendem a ficar maiores, com os mamilos eretos e túrgidos. Suas veias tornam-se mais visíveis, as aréolas incham.

E, assim, a vasocongestão genital atinge sua extensão máxima: os pequenos lábios ingurgitados adquirem coloração arroxeada ou cor de vinho; o terço anterior ou inferior da vagina forma uma espécie de "plataforma orgásmica" e o útero alcança a elevação máxima.

Sobrevém, então, o orgasmo: contrações reflexas e ritmadas dos músculos da vagina, do períneo e eventualmente até do esfíncter anal, a intervalos de 0,8 segundo. Essas contrações são visíveis no terço inferior da vagina, a plataforma orgásmica. O útero também participa desses movimentos. Às vezes, durante a menstruação, pode-se observar o sangue escoando em jatos do canal cervical.

Finalmente, os tecidos retomam o estado de repouso, o clitóris volta à posição normal em dez segundos e a plataforma orgásmica se desmancha rapidamente. Mas pode levar de 10 a 15 minutos para que o útero desça até sua posição basal e a vagina retorne a seu estado habitual, não estimulado.

Essa reação, que começa no desejo e se encerra no orgasmo, é desencadeada sobretudo por estímulos no clitóris. Profusamente servido por terminações nervosas, ele é capaz de transmitir e conduzir sensações eróticas bastante prazerosas.

Mulher

Já a vagina só é sensível ao toque nas proximidades da sua abertura. Sua manipulação não deixa de ser prazerosa para muitas mulheres, porém a maioria relata que essas sensações são qualitativamente diferentes das que resultam da estimulação clitoriana.

Alguns orgasmos podem ser "maiores e melhores" do que outros. Diferentes mulheres relatam sensações de orgasmo diversas. Da mesma forma, uma mesma mulher pode ter sensações distintas em épocas diferentes da sua vida.

Além do tipo de estimulação, da qualidade e do grau das carícias preliminares, essa discrepância pode resultar de fatores externos. Entre eles, presença ou ausência de conflitos em relação ao próprio ato sexual, cansaço, fase do ciclo menstrual que implica maior ou menor interesse por sexo, uso de medicamentos que interferem na resposta sexual, atração e performance do parceiro, bem como uso de fantasias eróticas.

Simplificando, diríamos: "Sexo é fricção e fantasia".

O emocional complica tudo

Centenas de motivos psicológicos e sociais que se entrelaçam podem levar a mulher a bloquear o orgasmo.

É fundamental evitar que os obstáculos que inibem a jovem no início de suas atividades masturbatórias e sexuais (citados no capítulo anterior) cresçam e se cristalizem, gerando disfunções orgásmicas na fase adulta que podem conduzir a uma "neurose de busca desesperada do orgasmo" ou a uma inapetência sexual geral, mais conhecida por frigidez.

Na adolescência, existe mais flexibilidade e é mais fácil ajudar mulheres com esse problema do que na idade adulta ou na maturidade, quando elas já enrijeceram seu corpo, sua mente e sua forma de se relacionar.

Mais uma vez, a medicina preventiva é a mais eficiente.

O que pode ajudar muito no desbloqueio dessas mulheres é o parceiro. Quando um casal se ama, respeita-se e se compreende, vencer a inibição que dificulta a entrega e o gozo não é uma tarefa difícil.

5. Dos 25 aos 40 anos: entre a maternidade e o prazer

Na idade adulta, a perda do orgasmo em alguns períodos ou situações é frequente. As pacientes relatam:

— Doutor, de vez em quando até sinto alguma coisa, mas na maioria das vezes, não.

As causas da falta de orgasmo nessa idade diferem um pouco daquelas responsáveis por essa disfunção na adolescência. Retratamos aqui algumas das queixas e motivos relacionados. Alguns podem até parecer banais, mas não o são. As mulheres nem sempre os percebem ou, se percebem, não comunicam, nem tomam atitude a respeito.

Fatores de inibição

O orgasmo é um reflexo simples, que surge após uma excitação, entendida como um desconforto agradável. É uma atividade fisiológica semelhante ao processo de evacuação. Já vimos que inúmeras mulheres perdem o reflexo de evacuação devido à inibição gerada pela má educação da menina. Por um processo semelhante, outras podem perder o reflexo orgásmico. Elas se fixam em inibições associadas a preocupações e crenças que abalam sua autoestima e autoimagem. As principais são:

a. Vergonha do próprio corpo

O homem, em geral, não imagina como pode ser embaraçoso para uma mulher ter cada detalhe do seu corpo nu examinado pelo olhar do parceiro, ainda que com a melhor das intenções. Se não aceita seu próprio corpo ou alguma parte dele, o que é bastante comum na mulher, ela conclui que o olhar do parceiro é crítico. Isso impede a excitação inicial e torna o ato sexual desgastante e irritadiço.

A mulher renuncia ao prazer do sexo e busca a autoafirmação no trabalho, no relacionamento com os filhos, nos afazeres domésticos ou na ginástica, malhando desesperadamente. Contenta-se com o mínimo de satisfação que o mundo pode lhe dar.

Mulher

Mas o espelho, seu cruel companheiro de todos os dias, está sempre expondo a realidade que ela se esforça para ocultar. Tal como um pintinho, ela teima em se esconder sob a casca partida do ovo que precisou quebrar para nascer.

Atualmente, pudor e beleza parecem ser incompatíveis. Não há casca de ovo que resolva o problema gerado por um convite para ir à praia ou para fazer amor à luz do dia.

> Grande número de homens baixinhos e com pênis pequenos e de mulheres que fogem aos padrões de beleza vive a batalha diária entre a criação divina e a fita métrica da sociedade.

O "defeito físico" gerador do complexo pode ser removido por cirurgia plástica. Seios são refeitos e aumentados com próteses, bundas são erguidas, barrigas são lipadas, coxas são desenhadas com enxertos, próteses são introduzidas na barriga da perna.

Hoje em dia realizamos também cirurgias estéticas íntimas nos lábios vulvares ou lipamos o excesso de gordura do púbis. Cirurgias às vezes tão simples quanto a fimose no homem podem ajudar a mulher a superar um grande complexo.

O desconforto em relação aos lábios vulvares pode gerar tamanha vergonha e preocupação ao ficar nua, que ela pode recusar sexo oral ou mesmo a manipulação do genital pelo parceiro. O custo pode ser uma vida sexual sem orgasmos ou prazer só na masturbação pelas próprias mãos no escuro do seu quarto.

Às vezes, porém, as consequências do problema perduram mesmo após a cirurgia, impedindo a mulher de se tornar equilibrada na esfera sexual: ou peca pelo excesso, implementando leviana e perigosamente suas fantasias, ou se mantém arraigada ao velho hábito da acomodação sexual: continua fazendo sexo apenas para agradar ao companheiro e sentir-se amada e à procura de novos defeitos com os quais se preocupar.

A mídia contribui para firmar esses complexos. A amada e desejada é sempre alta e linda, enquanto a rejeitada é baixinha e sem graça.

5. Dos 25 aos 40 anos: entre a maternidade e o prazer

Mas o homem tem também sua parcela de responsabilidade: a forma mais fácil de exibir a sua masculinidade é demonstrar atração por mulheres belas, desdenhando as feias, gordas ou magras demais.

Felizmente, esses valores não prevalecem entre quatro paredes. Ali, homem e mulher não despem apenas o corpo, mas também a mente carregada de contradições. O ego molda-se à necessidade de emoção e prazer, substituindo, intuitivamente, os conceitos sociais pelo conjunto harmonioso de elementos capazes de conduzir àquele objetivo.

Nesse momento, o homem é pleno e sua sexualidade explode como fogos de artifício, com a satisfação de ter superado não só o risco de se ferir para atender ao apelo sexual, mas, principalmente, de ter vivido um momento especial. E, o que é melhor, esse momento especial não exige uma mulher bonita, mas uma mulher verdadeira, de acordo com a acepção masculina.

Cheiro bom, doçura, simpatia, sinceridade, sentimento maternal que se revela na capacidade de dar mais carinho do que receber, gosto pela atividade sexual, uma certa dose de inteligência são atributos mais importantes para a maioria dos homens.

Quanto ao corpo, não precisa ser obrigatoriamente bonito. De preferência, bem cuidado. Que não carregue tantos quilos a ponto de agredir o tato e revelar desleixo para modificar algo que está ao seu alcance. Higiene é fundamental: se cheiro de vagina é sensual e estimulante, o de urina é repelente. Use água após o xixi (o bidê ou as modernas duchinhas acopladas aos sanitários) sempre que puder. Água (não sabonete), água e água. O hálito também deve ser bem cuidado. Cheiro ruim na boca acaba com o tesão.

Se a mulher parar de julgar o homem por si mesma, certamente chegará a essa conclusão: **muito mais do que uma bela mulher, ela deve ser uma grande mulher**. E, como tal, terá sempre um olhar "cego" de tesão sobre ela. Dizem que o amor é cego. O tesão, também.

b. Falta de higiene do parceiro

"Sei quando meu marido vai sair ou já saiu com outra mulher", disse-me uma paciente certa vez. "Por incrível que pareça, o que mais

Mulher

me magoa não é a traição dele, mas o fato de que ele se prepara para ela, passa perfume, penteia o cabelo de modo a ficar sedutor. Comigo, ao contrário, ele nem sempre toma banho. Às vezes nem escova os dentes. Perfume, então, nem se fala. Resultado: meu tesão desaparece e torço para a relação acabar logo."

Essa mesma paciente confessou que sente um prazer enorme quando ele vem de um encontro: "Ele chega trazendo no corpo um maravilhoso cheiro de perfume misturado ao de corpo limpo, exalando hormônios de um macho que eu adoraria devorar naquele momento. Mas não dá. Ele está 'cansado do trabalho' e dorme ao meu lado, deixando para mim o excitante odor de sua respiração e uma tremenda inveja dessa mulher que lhe oferece os grandes momentos que eu gostaria de viver".

c. Servidão à fantasia

A natureza irracional do sexo concentra desejos que a razão reprime e somente a fantasia é capaz de dar a ilusão ou a satisfação de realizá-los. Logo, não resta dúvida: a fantasia é um excelente acessório da atividade sexual. Contudo, certas mulheres tornam-se tão dependentes desse estimulante natural que ele acaba se transformando em uma droga. Fazem de seus parceiros marionetes a seu serviço.

As viciadas em fantasia não conseguem fazer amor, pois para isso é necessário estar com a pessoa amada, que tem forma, voz e sentimento. Essas mulheres atingem o orgasmo desde que o homem lhes agrade no tato e no olfato e não interrompa seus promíscuos pensamentos. Ainda que não seja por meio da masturbação, elas fazem sexo solitário — confirmando o que dissemos sobre o sexo ser um processo individual: ninguém vai poder compartilhar com o companheiro as sensações produzidas pelo orgasmo.

O uso excessivo da fantasia decorre, mais uma vez, de sucessivas frustrações com parceiros insensíveis e egoístas, associadas a repressões do contexto familiar no qual a mulher desenvolveu a sua sexualidade.

Enquanto ela não encontrar um parceiro que atenda a todas as suas exigências sentimentais e eróticas, que a faça sentir-se

5. Dos 25 aos 40 anos: entre a maternidade e o prazer

absolutamente livre, esta mulher não dará à fantasia o papel secundário que deve ter.

d. Falta de delicadeza masculina

Perguntou-me, certa vez, uma paciente:

— Doutor, dói muito quando uma mulher morde o saco de um homem?

Não pude controlar o riso e respondi: — É terrível!

— Então, por que certos homens machucam tanto os seios das mulheres? Será que eles não sabem que essa é a nossa parte mais delicada? Muitos pensam que o mamilo é botão de rádio ou controle remoto: torcem ou apertam-no como se quisessem mudar de estação. Quanta insensibilidade!

— Mas muitas mulheres adoram que se faça isso — argumentei.

— Tem gosto pra tudo, doutor. Quando meu marido morde os meus seios, tenho vontade de esbofeteá-lo. Aí, já não quero mais fazer amor.

e. Autoestima abalada

Essa é a causa mais usual de bloqueio da sexualidade feminina. Qualquer pensamento alheio à relação sexual pode atrapalhar o processo de excitação que conduz ao êxtase. Insisto: o sexo é sensorial, não intelectual.

Quando há problemas de autoestima, o elemento inibidor deixa de ser eventual e se instala de forma perigosa bem no meio do relacionamento que se quer preservar.

De acordo com relatos femininos, os motivos mais comuns que abalam a autoestima, prejudicando, portanto, o relacionamento sexual, são os seguintes:

- **Traição do companheiro**. Poucas mulheres são capazes de entender a infidelidade como exercício da liberdade que todo ser humano deve preservar. Ficam algum tempo com a autoestima em

Mulher

baixa, sentindo-se culpadas porque o marido teve necessidade de manter relações extraconjugais.

É preciso analisar, também, o contexto fisiológico e psicológico em que a infidelidade acontece. Pois há diferenças entre infidelidade amorosa e sexual.

No processo de excitação, quando os hormônios estão em ebulição — e isso é fácil de observar no homem —, o foco de alívio dessa excitação é um painel amplo de objetos. Um adolescente com testosterona alta transaria com qualquer par de pernas do ambiente. Pergunte a um deles e ouvirá a resposta: "Aqui nessa festa eu comeria todas!". Muitos filmes mostram adolescentes masculinos penetrando animais e objetos para aliviar a excitação.

Da mesma forma, quando uma jovem se arruma é para provocar desejo no maior número de homens que puder. Ela se excita em sentir que causa atração nos homens.

Nesse contexto, será que poderíamos chamar de infidelidade o sexo virtual na internet ou fantasias que levam à masturbação?

A grande maioria dos casais, pelo menos uma vez, fantasia que está transando com outras pessoas.

De quantas pacientes eu já ouvi que precisavam fantasiar situações com outros homens, dois homens ou até com um grupo de homens, para melhorar o desejo e a relação?

Ou as normas sociais não batem com a realidade, ou somos todos mentirosos e pecadores.

- **Palavras ofensivas**. A mágoa é sempre maior do que o prazer. Enquanto este se esgota no próprio ato sexual, a mágoa permanece e pode destruir os sentimentos mais puros. Reunir os dois na cama é um desastre. Para a mulher, então, o orgasmo é impossível. O companheirismo, uma explicação carinhosa ou um pedido de perdão serão capazes de restabelecer o entendimento e a vida íntima do casal.

5. Dos 25 aos 40 anos: entre a maternidade e o prazer

- **Gravidez**. As alterações do corpo, o sono, o enjoo, a barriga proeminente, o marido diferente e, muitas vezes, sem paciência. Tudo isso pode afastar o orgasmo.

- **Indiferença pelas suas realizações**. Partindo-se do pressuposto de que só se ama quem se admira, como se sente uma mulher que não recebe nenhum aplauso, mesmo que silencioso, do homem que ama? Das duas, uma: conclui que não tem nenhuma qualidade significativa ou reconhece o complexo de inferioridade escondido no peito dele.

Na primeira hipótese, não há autoestima que resista. Frágil e insegura, ela não leva para a cama o charme e a disposição das mulheres que se sentem admiradas. O sexo "papai e mamãe" cheira à obrigação conjugal.

A fantasia, quando ainda tem disposição para isso, é o único meio de a mulher não sair "chupando o dedo". Entretanto, se ela se cansar desse papel e der a volta por cima, poderá restabelecer a autoconfiança e recuperar a espontaneidade para fazer amor.

- **Perda de *status* profissional, estresse e falta de privacidade**. Esses fatores muito contribuem para a perda da motivação sexual e da concentração para o orgasmo. Se se perpetuarem, a atividade sexual vai se tornando esporádica e são menores as chances de o casal desfrutar o relaxamento físico e mental que o sexo proporciona. Tornam-se nervosos e irritadiços. Cada um necessita de muita compreensão e solidariedade daquele que escolheu para partilhar seus bons e maus momentos.

- **Pausa hormonal. Menopausa**. Não é, sem dúvida, o fim do período fértil que ofusca os festejos dos 50 anos de uma mulher, mas a certeza de que, dali para a frente, ela não disporá mais de um vigoroso exército biológico capaz de defendê-la dos estragos causados pelo tempo. Sentindo-se indefesa, busca no companheiro

Mulher

a admiração incondicional inerente ao verdadeiro amor, mas nem sempre a encontra.

A menopausa ocorre, muitas vezes, no momento mais crítico da relação. As briguinhas tolas do início do relacionamento que terminavam sempre em um excitado "segura o tchan" deram lugar ao rotineiro entendimento do "dois pra lá, dois pra cá" do bolero familiar. O sexo parece ter perdido o seu brilho natural e alguma coisa deve ser feita para revigorá-lo.

- **Motivos psicopatológicos**. Às vezes, porém, o buraco é mais embaixo, como se diz popularmente. Ou melhor, mais em cima, no coração. Uma garota de 22 anos veio me procurar. Não conseguia, de modo algum, ter orgasmo com o marido. Falou sobre sua vida, da infância, da adolescência. Tinha outras duas irmãs, tão bonitas quanto ela: uma de 18, outra de 20. Foi a primeira a se casar. Na terceira sessão, confessou que já havia sentido orgasmo, sim, quando transava com seu pai: "Eu ainda transo com ele e sinto orgasmo. Mas, com meu marido, não". As três filhas transavam com o pai. A mais velha chegou a engravidar dele, a mãe descobriu e a fez abortar. Depois, saiu de casa, abandonando o pai e as filhas, foi morar no interior e se fechou. Não contou a ninguém o motivo da separação. Casos como esse, frequentes nas classes sociais baixas e altas, mostram até onde vai a crueldade humana. Olhando para elas, pareciam meninas saudáveis. No entanto, a agressividade do sexo é muitas vezes desconhecida. A violência sexual na infância e na adolescência tem efeitos devastadores sobre a estrutura da sexualidade.

- **Fantasias femininas**. Em um grupo de mulheres com disfunções orgásmicas, pude observar a busca compulsiva pelo orgasmo e a coincidência de certas fantasias, que têm efeito corrosivo sobre a autoestima. Lá pelos 35 anos de idade, quando o terrorismo moral começa a perder sua força, a mulher sem prazer inicia uma série de

5. Dos 25 aos 40 anos: entre a maternidade e o prazer

reflexões, como bem mostram os versos (abaixo), que escrevi em parceria com Paulo Mota.

Na penumbra de sua alcova, em plena comunhão,
Quando em sua cama, no calor da união,
Sente-se traída, supondo-se usada,
Submissa que está à pessoa amada,
A quem dedica toda sua atenção.
Insinua temerosa mais afeição,
Mais ternura à sua alma ignorada,
Mais carinho à sua carne violada,
Mais sentimentos para o seu coração.
Mas o príncipe da sua imaginação,
O gênio encantado da sua paixão,
O idealizado amante de sua inspiração
O desejado objeto de sua excitação
Ronca ao seu lado de libido apagada
Imagem espelhada da sua frustração.
Maldito o dia da infeliz decisão,
Em que deu a ele a sua permissão.
Agora o arrependimento, foi enganada,
Pensa em sair da terrível situação.
Cuidado, é honesta e bem casada,
Uma mulher direita e considerada,
Muito difícil aceitar a traição.
Que, às vezes, desponta disfarçada,
Que, às vezes, a acorda de madrugada
Em infames imagens a exigir solução.
Assustada e recolhida, entrega-se à oração.
Deus Pai e Nossa Senhora Mãe me apaguem esse tesão

Mulher

Implora ao anjo da guarda paz e proteção,
Está atormentada e atordoada,
O infiel pensamento rouba-lhe a razão,
O seu escrúpulo e sua imaculada reputação.
É escrava da vontade indomada,
Da ideia dia e noite envenenada,
Nos labirintos da sua tentação.
Seu desespero lhe pede mais ação;
Vacila, tropeça
Na sua conduta renegada
Reflete, abatida e envergonhada,
Adulterar seu lar e sua religião,
Abrir as comportas da sua represa quadrada
Arrebentar as paredes da sua prisão.
Pensa, repensa, fantasia
Horas e dias
Ensimesmada.
Alguns a acham amalucada
Petrificada
Com seu olhar perdido na indagação.
Nem desconfiam da sua compulsão,
Da força irresistível que vem do nada
E que a arrasta quase alucinada,
Ao umbral da repulsiva perdição.
Luta até o fim, porém em vão.
E, exausta, se debate angustiada,
Nas garras do sexo aprisionada,
Lamentando sua insuportável solidão.
Dias de atividades sublimadas

5. Dos 25 aos 40 anos: entre a maternidade e o prazer

Noites seguidas de orgias em ebulição
Se repetem em sequência programada,
   Castigam sua insônia depravada,
Aniquilam, enfim, sua última oposição.
   Concorda, então, com a rendição,
      E ensaia uma moral atualizada,
Sem modelos sociais, em nada censurada,
   Bem ao gosto de sua nova emoção.
   Repele o rigor da sua educação,
   Reprova toda norma consagrada,
   Abandona sua conduta recatada,
   Zomba dos valores da sua formação.
   Sorri à toa, parece deslumbrada,
   Nova criatura agora revelada,
Que sai da luz atraída pela escuridão,
   Nem teme a temida punição,
Decorrente da experiência inusitada,
No gozo dos instintos está empenhada,
      Dane-se a difamação!
   O tempo passa e na diversão
da sua caminhada, sempre insaciada,
Apesar da escolha um pouco embaçada,
   Não conseguiu a tua gratificação.
   Que tragédia, será maldição!?
   Um castigo, uma praga jogada,
Vive inconsolável como uma condenada,
Atrás do prazer que lhe foge da mão.
Almeja o céu, mas se arrasta no chão.
   E na lama em que está atolada,

Mulher

Sofre o martírio da honra maculada,
Chora o amargor da sua decepção.
Pensativa, medita na recordação:
O egoísta a fez sentir roubada,
O bruto a deixou toda marcada,
O delicado fez muita confusão.
O galã, que azar, só frustração,
O gordo a largou toda amassada,
O magro tolo deu-lhe bofetada
E o vazio que causou o grandão.
O poeta apaixonado lhe fez canção,
O liberal a divertiu com piada,
O pequenino só a fez arrepiada,
E o político, só promessas falseadas.
O religioso perdeu-se na oração,
O bancário fez-lhe a média aumentada,
O psicólogo fez terapia disfarçada,
O médico, assepsia na entrada,
O jardineiro, a sua semente germinada,
O piloto, só adrenalina no avião.
O da justiça exigiu muita discrição,
O empresário deu-lhe a joia cobiçada,
O industrial lhe garantiu a mesada
E o militar a comandou na perversão.
Mas com nenhum deles realizou sua ilusão.
Aprenda a lição: ninguém a fará premiada.
Em seu íntimo, mantém ocultada,
Por si mesma, a pretendida sensação.
Não a conseguiu através da usurpação

5. Dos 25 aos 40 anos: entre a maternidade e o prazer

Nem no deleite da pele perfumada,
Nem na tarimba da técnica aprimorada,
Nem nos jogos fascinantes da sedução.
Consulte seriamente a sua intuição,
Descobrirá sua natureza enlutada,
Amordaçada, reprimida e exilada,
Nas sombras de sua mente, num porão.
Arranque-a de lá e terá a solução.
Seja sincera, espontânea e ousada,
Não espere nunca ser a caçada.
É da sua ação que virá a reação.
Nunca finja nem faça encenação,
Seja natural, sensual e assanhada,
Nas alegrias da alcova enfeitiçada,
E terá a recompensa pela sua criação.
Surgirá, então, a fêmea sexualizada,
Emergirá do fundo a fantasia recalcada
E, num crescendo incontrolável de expansão,
Explodirá no prazer maior da sua emoção.

Mota e M. Montgomery

O clitóris e seu poder

O orgasmo feminino como fato social é filho dos anos 1960, década de grandiosas transformações na sociedade, na cultura e na saúde.

Em termos de saúde reprodutiva e sexual, os antibióticos, as vacinas e a pílula anticoncepcional aterrissaram na terra fértil da criatividade e da tecnologia.

Mulher

Do ponto de vista meramente reprodutivo, vamos admitir: o orgasmo feminino é dispensável. Para se reproduzir, o macho homem precisa chegar ao orgasmo. Pelo menos, na forma antiga e tradicional de engravidar, que é transando. Porque hoje uma agulhinha retira os espermatozoides dos testículos, enquanto outra aspira óvulos dos ovários; um biólogo promove o encontro de ambos dentro de um tubo de ensaio e outro ajuda a colocar no "berço". É a fertilização *in vitro*.

Mas a fêmea da espécie humana pode engravidar sem sentir nada ou até, no caso de estupro, sentindo medo e repulsa.

Um segundo motivo para o orgasmo feminino ser dispensável é o fato de ser volúvel. Sua confiabilidade e frequência variam muito de mulher para mulher.

Terceiro: o clitóris e o pênis se desenvolvem na mesma região genital do embrião. Quando estudei psicanálise, ouvi que Freud considerava o clitóris um pênis atrofiado. Como sempre fui crítico, imediatamente pensei: "Peraí, professor! Depende do referencial adotado. Eu posso dizer que o pênis é um clitóris hipertrofiado".

Ou então, de forma filosófica, posso dizer: o clitóris é como os mamilos de um homem, um atavismo, a frágil assinatura do que poderia ter sido mas não precisa ser.

Nesse cenário, o clitóris e o orgasmo feminino não chegam a ser adaptações. Objetivamente, o pênis é um órgão ejaculatório, também conhecido como *"delivery* de DNA". É a adaptação, o objetivo do jogo, enquanto o clitóris é o prêmio de consolação.

Ao se posicionar ativamente na excitação sexual, o clitóris se faz presente por uma ereção palpável. Anatomicamente, o espaço agrupa nervos sensitivos tão juntinhos, que no corpo isso só acontece na retina do olho, tamanha é a sensibilidade.

O clitóris deu às mulheres o incentivo para experimentar, escolher.

Existe uma assimetria do poder entre o hipertrofiado pênis da minha observação e o atrofiado clitóris de Freud. Há limites na ejaculação do pênis, mas a velinha de aniversário mágica da mulher se acende de novo por mais que os grandalhões assoprem e assoprem.

5. Dos 25 aos 40 anos: entre a maternidade e o prazer

Tudo isso pode indicar que, assim como as fêmeas de chimpanzé, as mulheres foram promíscuas e diplomatas perambulantes. Caíam na farra do orgasmo múltiplo com vários machos e assumiam os riscos.

No mundo atual não seria nada adaptativo para uma mulher ficar saracoteando por aí como uma macaca eufórica, porque em muitas culturas esse tipo de comportamento leva ao apedrejamento e outras punições severas. Na África, até cortam o clitóris de meninas na adolescência, negando a elas o prazer.

Então, qual seria o poder desse orgãozinho essencial ao prazer feminino?

Toda a complexidade anatômica da relação sexual demonstra que o pênis na penetração não estimula o clitóris. Será, então, que ele foi se desenvolvendo e se tornou fundamental ao orgasmo feminino para encorajar as mulheres a assumirem o controle da própria sexualidade e do prazer?

Mas será que o corpo se estrutura sensorialmente como sistemas políticos hierárquicos ou é apartidário, político e democrático?

O grande maestro

O corpo funciona melhor quando é bem tratado e vacila quando é mal compreendido. Da mesma forma, o clitóris tem seu melhor desempenho quando a mulher se sente repleta de vida e energia; quando literalmente se esfrega ao seu gosto, urra sua liberdade e dança sua valsa erótica.

O clitóris odeia ser amedrontado ou intimidado.

Assim, a mulher que fica preocupada porque o parceiro pode achar que ela está demorando muito, demorará ainda mais.

Se ela teme mostrar sua estria de 3 cm ao namorado, não está transando com ele, e sim com a estria.

E se leu em alguma revista que, para agradar o parceiro tem de gemer em ré sustenido na hora do orgasmo, não vai gemer.

Mulher

As mulheres orgásmicas assumem o comando do próprio prazer; não ficam esperando que os parceiros sejam habilidosos ou saibam ler sua mente para adivinhar o que querem. Elas descobrem as posições e ângulos que ativam mais suas sensações e facilitam a entrega. Sabem o que as deixa ansiosas e o que facilita o relaxamento.

> O clitóris está no olho do furacão.
> Sabe mais que a vagina.
> É o maestro dessa sinfonia.

As mulheres vão se aperfeiçoando no decorrer do tempo. Sua sexualidade só engrena depois de vários encontros com machos hipersensíveis. Por isso, as mais maduras em geral são mais orgásmicas que as jovens. O poder de conhecer a si mesmas, cultivado ao longo dos anos, traduz-se em melhor excitação e maior prazer sexual.

As que conseguiram escapar dos seus cinco opressores — o poder econômico, a cultura patriarcal, a natureza, a Igreja Católica e a mídia — provaram que possuem intenso desejo sexual. Reagem a estímulos tão rápida e prontamente quanto os homens.

É verdade que o desejo sexual feminino é complexo. Está ligado a várias regiões do cérebro. Envolve o temor, o medo, as experiências, o lirismo e até as divindades infernais. O livre-arbítrio e a autonomia têm peso considerável.

Mas se a mulher se reserva o direito de conhecer seu corpo e aprender o que é sensorial e o que é aversivo, ela facilita o trabalho do maestro, o clitóris, que pode reger a grande orquestra em sintonia com o desejo e a fantasia.

Traição e adultério

Uma dona de casa extremamente dedicada à família e ao marido, um arquiteto bem-sucedido e bastante presente na vida dos filhos, vieram me procurar no consultório. Ela, debulhando-se em lágrimas; ele,

5. Dos 25 aos 40 anos: entre a maternidade e o prazer

com a cabeça baixa e expressão de moleque pego fazendo arte. Casados há 17 anos, tinham três filhos e três propriedades, uma na cidade de São Paulo, outra na praia e a terceira no campo.

Haviam se dado bem durante todos esses anos até ela fazer uma incrível descoberta. Nas três casas, projetadas por ele, existiam pequenas aberturas estratégicas nos quartos de hóspedes que permitiam observar, de dentro de um armário, as pessoas se vestindo e tendo relações sexuais. Durante anos, sem que ninguém soubesse, esse *voyeur* foi preparando as aberturas.

"Já imaginou, ele olhou todas as mulheres da minha família, minhas irmãs, todas as primas e cunhadas que se hospedaram em casa", dizia a mulher com a voz embargada, revelando qual era a sua maior dor. Ele não abria a boca. Limitava-se a me olhar com cara de moleque travesso.

A mulher não sabia o que fazer. Não trabalhava, fora sustentada pelo marido a vida toda. Ao final de quatro consultas, ela se acalmou. Foram, então, encaminhados a uma terapeuta de casal: continuam juntos até hoje.

Pasmem! Agora exercitam o *voyeurismo* juntos.

Eu me pergunto: o sentimento de traição que ela trouxe ao consultório não seria de exclusão? Ou foi o susto? Pactos inconscientes que provavelmente já existiam e se ajustaram ao casal.

O desejo por variedade sexual domina a maioria dos homens durante toda a vida, ainda que sua realização permaneça no âmbito da fantasia.

Impulsionado pela testosterona, o homem é um ansioso sexual crônico. A natureza agregou seu orgasmo à ejaculação. Ele tem prazer em lançar seu sêmen nas vaginas espalhadas pelo mundo afora. É um reprodutor. Parece que o adultério masculino é apoiado pela biologia e pela psicologia.

Os desejos exclusivistas do amor opõem-se aos anseios múltiplos do sexo. Os desejos de estabilidade e de permanência opõem-se ao gosto pela novidade e pela variedade própria do anseio sexual. O amor é sedento de paz e de serenidade, ao passo que o sexo é agitado e irrequieto.

Mulher

Parece que o vínculo dramático entre amor e sexo que nossa cultura cristã estabeleceu é mais direcionado às mulheres e tem objetivos claramente repressores, inibidores do pleno existir das pessoas.

Mas, no consultório, esse desejo da mulher por outros homens aparece (e como!). As que mais têm a fantasia de fazer sexo com outros parceiros são aquelas que só tiveram um homem em sua vida. Quase em 100% dos casos essas mulheres têm maridos machistas e inseguros.

A insegurança masculina

O machismo pode estar mascarado, mas existe nos bastidores e nas entrelinhas.

A escolha por uma virgem pode estar acobertando uma tremenda insegurança masculina: os homens tremem ao imaginar sua mulher comparando-o sexualmente a outro homem.

Até na escolha dos métodos anticoncepcionais essa insegurança pode aparecer. Nas entrelinhas ou verbalmente: "Sabe, doutor, nós preferimos a tabelinha e o coito interrompido. Com pílula ou DIU ela vai ficar muito soltinha por aí. Com esses métodos, eu controlo mais!", justifica-se o marido.

Daí a medida, a contabilização e a cobrança do orgasmo.

Raramente a fantasia de ter outro parceiro transforma-se em ação, mas ele faz a ronda *everytime*.

O homem quantifica e qualifica o amor da mulher pela frequência sexual e pelo orgasmo. É difícil compreender para ele que o ritmo dela é diferente. Se nós fôssemos um pouco mais sensíveis, saberíamos que o "melhor amante do mundo" é aquele que espera a mulher procurá-lo, porque, aí, sem dúvida a relação será maravilhosa! Do contrário, se ela não estiver envolvida, será muito difícil atingir o orgasmo.

Essa adequação só ocorre quando o casal alcança um nível de maturidade maior. Mas a insegurança masculina em relação a questões básicas, como a paternidade, é um fato.

5. Dos 25 aos 40 anos: entre a maternidade e o prazer

O controle, o ciúme e a inveja são sentimentos comuns que, uma vez acionados, agridem a mulher. São ciúmes diferentes.

O macho dominador é um ciumento castrador.

Não podendo intimidar sempre e muito menos vigiar eternamente, os machos jamais poderão ter certeza da paternidade.

O romance de busca do sexo masculino é uma guerra entre identidade e aniquilamento. A ereção é uma esperança da objetividade, mas, no auge do sucesso, ele sai pequeno e murcho, de cabeça baixa. A mulher o puxa de volta ao seu seio, bebendo e estancando sua energia.

Os sexos estão sempre em guerra: o masculino tem um elemento de ataque, de busca e de destruição; o feminino tem um elemento de captura, uma manipulação subliminar que leva à infantilização física e emocional do homem. Daí o ciúme masculino ser tão agressivo. Vem de uma irremediável incerteza.

O ciúme em duas versões

Naturalmente, os homens olham para as mulheres atraentes — proibidas ou não, casadas, viúvas ou solteiras — como possíveis parceiras sexuais. Porém, para eles, suas próprias mulheres devem permanecer leais e não ter esses pensamentos.

Os homens não veem nada de mais em cobiçar a mulher alheia, mas se sentem profundamente ofendidos quando cobiçam a deles.

A visão do adultério difere conforme o sexo. O rapaz é um garanhão (termo, de certo modo, elogioso); a moça é uma galinha (termo pejorativo).

Na prática, é interessante que o duplo padrão não seja um exequível valor feminino e um masculino, mas sim valores individuais e banais. O ciúme da mulher, apesar de muitas vezes manifestar-se com fúria, não está ligado a objetivos reprodutivos.

Enquanto o contato sexual do macho com um número ilimitado de fêmeas não o inutiliza para a reprodução nem o vincula a nenhuma fêmea, pela natureza incerta da paternidade, a fêmea está física e

Mulher

emocionalmente ligada ao pai do seu futuro filho, tornando-o instrumento de sua perpetuação na Terra.

É por isso que em nenhuma espécie animal, exceto a humana, as fêmeas manifestam qualquer preocupação com as infidelidades sexuais dos seus machos.

O ciúme da mulher é um sentimento humano. Tem suas raízes em terras diferentes do ciúme do homem.

As mulheres não têm problemas a resolver pelo sexo; têm o poder criador.

Os homens podem transformar algo, mas nunca criar. Têm de buscar, perseguir, castigar e tomar; precisam simbolizar e conceituar. O fetichismo tipicamente masculino é uma atividade criadora de símbolos.

O homem tem de conseguir, por força de vontade, sua autoridade sexual diante de uma mulher que é a sombra de sua mãe e de todas as mulheres. O fracasso e a humilhação estão sempre à espreita.

Nenhuma mulher tem de provar que é mulher (a não ser na maternidade sacrificada, em algumas culturas) como o homem tem de provar que é homem.

O ciúme sexual varia conforme o grau de ameaça que o adultério do marido sugere. Ao manifestar desagrado pelas investidas do seu homem sobre outra, a mulher mostra ainda uma preocupação com a estabilidade e a continuidade de sua família.

A tolerância feminina

Já dizia minha tia desbocada, considerada moderninha pela família: "Meu filho, não se preocupe, quem gosta de pau duro é veado. Mulher gosta de dinheiro".

Se as feministas da década de 1960 ouvissem isso, ela seria queimada em praça pública. Mas, de certo modo, minha tia tem razão: nas falas das mulheres, a preocupação maior é com o noivado ou o casamento ameaçado do que com as ligações sexuais.

5. Dos 25 aos 40 anos: entre a maternidade e o prazer

A grande maioria de mulheres (de classes sociais baixa e alta) ainda hoje sublima seu ciúme quando se sente segura no seu relacionamento afetivo, amoroso e conjugal. As investidas sexuais do marido sobre outras mulheres passam, então, a ser toleradas com divertida naturalidade e, muitas vezes, com indisfarçável alívio e um sorriso maroto:

— Assim, doutor, ele para de me atormentar.

Por que elas traem

Quais são as correntes invisíveis colocadas nas mulheres? Será o medo?

Na Arábia Saudita, ainda hoje o adultério é punido com 50 chibatadas, seguidas de apedrejamento até a morte. Em alguns países da África ainda se retira o clitóris das meninas com uma lâmina para evitar que tenham prazer ou gostem de sexo.

Mas, em nosso país tropical, as poucas mulheres que cometem adultério o fazem por motivos interessantes. Ou, pelo menos, justificam com esses motivos.

O desejo da mulher por outro homem que não seja seu cônjuge resulta amplamente da comparação entre o parceiro em potencial e o seu marido. Essa comparação é longa, detalhada e avaliada em conflito com seus valores éticos pessoais.

A decisão surge ao perceber que o parceiro em potencial é, de algum modo, "superior" ao marido, ou também quando ela está insatisfeita com o cônjuge tanto sexual quanto emocionalmente. Raramente é por curiosidade; isso permanece na fantasia.

A vingança também é uma justificativa comum.

Na dança do narcisismo e da vaidade, os homens muitas vezes conquistam para mostrar aos outros homens, enquanto as mulheres continuam se vestindo e se enfeitando para as outras mulheres.

Nós, homens, somos exilados sexuais. Vagamos pela Terra em busca de satisfação, desejando e desprezando, jamais satisfeitos. Não há nada nesse movimento que a mulher possa invejar.

Mulher

Ah, a inveja do pênis, como dizia Freud. Tenho minhas dúvidas a respeito de quem inveja quem.

Hoje, a vida do executivo é tediosa: não há guerras e terras a conquistar. Na ausência de oportunidade para uma ação física heroica, no mundo pouco lírico dos escritórios, a mulher é ainda mais importante para preservar o ego masculino. É o que observamos entre os empresários que trabalham poucas horas no dia ou vivem de renda, que são bem diferentes daqueles que trabalham 15 horas por dia.

Homens são mulher-dependentes, por isso precisam dominar e oprimir. Mas, na realidade nua e crua, esse domínio é pura ilusão.

Este é o horror da vida masculina: os homens oscilam do controle por suas mães ao controle por suas esposas.

O ciclo menstrual e suas fases

A reprodução **também** faz parte do objetivo do **sexo**, embora hoje as mulheres possam engravidar por técnicas diferentes.

Contudo, do ponto de vista biológico, queira ou não, a mulher é preparada para engravidar. A menstruação ou a concepção são apenas sinais visíveis e concretos de um ciclo que envolve toda uma série de fenômenos de bastidores.

Circulando periodicamente no sangue feminino, os hormônios produzem efeitos na respiração, na digestão, na circulação, no cheiro, no hálito, na pele, nos músculos, nas trompas, no útero, na vagina e até no comportamento.

Na primeira fase do ciclo menstrual, sob o comando do estrogênio, o corpo se prepara para receber o óvulo fecundado. Abre-se o colo do útero. A vagina e o útero apresentam uma secreção hospitaleira.

As emoções, à flor da pele, dirigem-se ao homem, com a meta biológica de provocar a cópula. A mulher torna-se mais comunicativa, social, simpática e sedutora. Sua energia está voltada para fora: é pura extroversão e abertura.

5. Dos 25 aos 40 anos: entre a maternidade e o prazer

Durante essa primeira parte do ciclo, o estrogênio funciona como um arquiteto/artesão: constrói um quarto de bebê no interior do útero, com "berços, brinquedos e mamadeiras".

A ovulação coincide com o apogeu do ciclo hormonal e expressa a disposição psicológica e física para a concepção. Na época da fertilidade, os hormônios sexuais a enchem de desejo.

Os sonhos e as fantasias revelam a disposição de receber e reter ou se defendem contra tal possibilidade se a mulher, por alguma razão consciente ou inconsciente, "temer a gravidez".

Energias psíquicas surgem durante a ovulação, como se o cérebro rebobinasse um filme fazendo reaparecer cenas e sentimentos já vividos. As recordações inconscientes, guardadas lá no fundo do "porão" do psiquismo, emergem para interagir com a realidade emocional daquela mulher, sobretudo as identificações e os conflitos com a mãe, bem como a tentativa de solucionar esses conflitos.

Da puberdade à menopausa — em uma repetição mensal, não importando a cultura, os mitos e os medos — à medida que a fisiologia da mulher a prepara para a gravidez, sua personalidade desenvolve a chamada "qualidade maternal".

Todos nós temos gravadas dentro de nós a mãe-fada e a mãe-bruxa. Conforme as experiências afetivas, uma das duas tende a prevalecer.

Se a mãe vem e atende o seu filho quando este chora, alimentando-o, protegendo-o e acariciando-o, ela internaliza a mãe-fada. Se a mãe não escuta e não satisfaz as necessidades da criança, ela não presta, é a mãe-bruxa.

Surgindo a mãe-fada, a mulher atravessa bem esse período. Se emergir a mãe-bruxa, é mais difícil lidar com tudo isso.

Depois da ovulação, na segunda fase do ciclo, entra em cena a progesterona, hormônio que inverte todas as características da fase anterior. Diminui a secreção vaginal e fecha o colo do útero. A libido feminina toma a direção contrária, dirige-se para si. A progesterona esquenta o quarto do bebê. Enche as mamadeiras e segura o que puder, em geral água e sais. Também estimula a ingestão de calorias, aumentando a fome de doces.

Mulher

Um estudo feito na década de 1950 pela Fundação Rockefeller, e nunca contestado, comprova a ação da progesterona e do estrogênio no funcionamento psíquico e comportamental da mulher. Eles aguçam as tendências receptivas e retentivas.

Essa segunda fase do ciclo menstrual é marcada pela retenção. Assim como a gravidez e a lactação, constitui uma representação psíquica da necessidade de combustível e energia para o crescimento do embrião.

Os porquês da tensão pré-menstrual

Alterações físicas — como inchaço, aumento do volume da barriga, mamas sensíveis, intestino preso — e psíquicas (tensão, alterações de humor, sonolência, cansaço e depressão) marcam os dias que antecedem a menstruação.

Já foram relatados mais de duzentos sintomas associados à tensão pré-menstrual (TPM) que afetam o corpo, as emoções e o comportamento femininos. No entanto, se a mulher estiver em um período bom, amando e sendo amada, pode não sentir nenhum mal-estar naquele mês. Mas se, ao contrário, estiver mal, em bom português, "mal-amada e mal-comida", sem amar ninguém, sem usar seu poder criativo, os sintomas podem incomodá-la bastante.

Um bom exemplo de TPM é mostrado no filme *Tom e Viv*, que conta a história do poeta americano T. S. Elliot e sua esposa. Viv era inconformada com a repressão ao seu sexo. Rebelde, brigava por seus interesses e queria trabalhar. Os sintomas de TPM que ela apresentava eram interpretados como desequilíbrio mental pela sociedade repressora da época e, assim, acabou internada em uma clínica psiquiátrica até a menopausa, quando seu mal-estar cessou.

Marilyn Monroe também sofria de TPM grave.

No Fórum de São Paulo conta-se a história de uma juíza titular de uma vara criminal que se sentia insegura e emocionalmente instável

5. Dos 25 aos 40 anos: entre a maternidade e o prazer

nessa fase do ciclo. Era um verdadeiro pesadelo quando tinha de julgar nesses dias, pois temia cometer injustiças.

Na fase que antecede a menstruação, a mulher é um vulcão prestes a entrar em ebulição. Depois que desce a lava, ele se acalma. Mesmo assim, nas que estão de bem com sua sexualidade, essa fase de maior sensibilização pode ser extremamente produtiva e criativa. Em algumas, aliás, ocorre o inverso: esse é o momento em que sua resposta sexual está mais intensa.

Todas as mulheres que se sentem limitadas para exercer suas atividades devido à TPM devem buscar tratamento. Cada paciente requer avaliação e terapêutica individualizadas visando ao alívio dos seus sintomas, pois não há tratamento específico contra a TPM.

O uso da pílula anticoncepcional costuma melhorar o quadro; porém, nos casos mais graves, o mais moderno e eficiente é impedir a ovulação e também a menstruação, utilizando-se hormônios implantados sob a pele.

"Pragas" dos tempos atuais

A TPM é uma doença moderna. Nas tribos primitivas, simplesmente não existia. Em virtude do tipo de alimentação, a menarca ocorria mais tarde, entre os 16 e 18 anos. Logo depois, a jovem engravidava e, entre uma gravidez e outra, estava sempre amamentando. Dessa forma, ela passava quase dez anos sem menstruar, gestando, concebendo e amamentando.

Na era paleolítica, o número de homens era maior que o de mulheres, na proporção de três para um, o que tornava ainda mais difícil para as fêmeas escapar do assédio sexual dos machos. Essa desproporção deve-se principalmente a razões reprodutivas, como explica Elsimar Coutinho no livro *Menstruação, a sangria inútil:* devido a partos complicados e abortos, a mortalidade das mulheres era maior do que a dos homens. Nesse período, a expectativa de vida masculina era de 33 anos e a feminina, de 28.

Atendi uma paciente de 38 anos na Maternidade São Paulo que menstruou pela primeira vez aos 14 anos. Com 16, engravidou e, ao

Mulher

longo de duas décadas, teve 11 filhos vivos e alguns abortos. Nunca mais menstruou: não tinha cólicas nem TPM.

Assim como ela, as mulheres de pescadores de Guarda do Embaú, um vilarejo no litoral catarinense, raramente menstruam. Porque o natural é engravidar e amamentar ao gosto do bebê.

> O *slogan* "menstruar é natural" é de uma ingenuidade angelical. A menstruação é uma falha do sistema.

A natureza não tem a menor ligação com a menstruação. Esse sangramento é resultado de uma falha reprodutiva que se repete todos os meses.

Quando uma mulher ovula, inicia-se um ciclo gravídico que será interrompido com a menstruação se houver falha reprodutiva. "A menstruação é como um aborto, um insucesso biológico", afirma Elsimar Coutinho.

Ao evitar a gravidez dos 15 aos 28/30 anos, a mulher moderna dribla a biologia.

A consequência é um excesso de ciclos ovulatórios com altos picos de estrogênio, que trouxe consigo um aumento na incidência de males relacionados à menstruação. Quanto menos as mulheres engravidarem, parirem e amamentarem, mais cólicas, TPM e endometriose terão pela frente.

A endometriose, considerada a "praga ginecológica dos tempos atuais", atinge de 10% a 15% da população feminina. Estima-se que, nesta década, cerca de duzentos milhões de mulheres serão atingidas por essa doença, em todo o mundo. Embora benigna, a endometriose acarreta dor e infertilidade e está ligada à frequência e à intensidade da menstruação. Além disso, é limitante e incapacitante e pode interferir seriamente na sexualidade da mulher.

A "epidemia" de depressão

Todas as pessoas enfrentam fases de altos e baixos. Porém, quando o *down* dura muito ou interfere na capacidade de pensar e agir em

5. Dos 25 aos 40 anos: entre a maternidade e o prazer

questões importantes da vida, é preciso atenção. A depressão é uma alteração clínica que compromete o humor, causando tristeza, melancolia, irritabilidade; às vezes euforia, mania de perseguição, obsessão e pânico. O bem-estar também é afetado por meio de sintomas como fadiga crônica, problemas de sono e alterações no apetite.

Cada vez mais frequente em nosso meio, ela incide sobretudo na mulher. Na adolescência, o início dos ciclos hormonais, a mudança no corpo, a formação da identidade social, o despertar da sexualidade e a separação dos pais podem servir de desencadeantes. Na idade adulta, o estresse decorrente dos vários papéis assumidos pela mulher, associado às flutuações hormonais, que potencializam as alterações de humor, aumenta a vulnerabilidade aos episódios depressivos.

Os hormônios que regulam o ciclo menstrual desenham uma verdadeira montanha-russa no organismo feminino. Em seu sobe-e-desce, atingem a emoção e o humor.

Mas não podemos olhar a mulher apenas do prisma hormonal. Seria extremamente simplista. Somos seres muito mais sofisticados do que isso.

As influências que nos chegam do meio social, seus valores e crenças, e da mídia com seu iluminismo, atrapalham a todos nós. **Porque, sob a aparência de "liberalidade e liberdade máxima", talvez nunca na história da humanidade tenhamos sido tão explicitamente padronizados, domesticados e manipulados como nos dias de hoje.**

Somos vítimas, se permitimos, de uma ordem social opressiva e rica em mandamentos quase impossíveis de serem cumpridos.

A mulher moderna é um ser angustiado e insone
por força de um massacre social inusitado
e insuportável, que deixa sua alma submersa.

A subjetividade feminina encontra-se extremamente atrofiada.

Há uma constante busca de meios de fuga para não ter de enfrentar qualquer dor que possa representar o desamparo: abuso de bebidas,

Mulher

religião (rezando compulsivamente) e trabalho excessivo que ocupe todo o seu tempo.

Não é de estranhar que o tranquilizante Rivotril seja o medicamento mais vendido no Brasil e no mundo.

Estar só é diferente de solidão

Nascemos desamparados, precisando de alguém que nos dispense cuidados. Mas, ao longo da vida, caminhamos para a autonomia e a individuação. Isso, é claro, quando os valores que orientam a nossa educação favorecem o crescimento individual.

Muitos pais, no entanto, não estimulam a independência dos filhos porque são muito dependentes entre si (cônjuges), dos próprios pais e dos filhos. Assim, eles não desenvolvem a competência para estar só, nem a transmitem aos seus descendentes.

Para complicar, a cultura incentiva apenas os machos da espécie a serem aventureiros e autônomos, ou seja, "independentes". Já a mulher que "está só" recebe o rótulo de desamada, solteirona etc. Há uma confusão entre solidão e estar só:

— Solidão é esperar ser tocado, não saber quem você é e aguardar que os outros lhe digam.

— Estar só é ter consciência de ser uma parte distinta deste mundo que nos cerca e saber que só você pode dar as respostas procuradas ou aguentar ficar sem elas.

— Solidão é se deixar abalar por forças externas.

— Estar só é refletir o despertar de sua própria força.

— Solidão é buscar poder.

— Estar só é poder buscar.

5. Dos 25 aos 40 anos: entre a maternidade e o prazer

— Solidão pede abrigo e proteção.
— Estar só é acreditar no próprio colo.

— Solidão é estático.
— Estar só é dinâmico.

— Solidão é *personal trainer.*
— Estar só é personalizar seu próprio treino.

— Solidão é rigidez.
— Estar só é flexibilidade.

— Solidão é alterar o boletim.
— Estar só é não esperar aplauso pela boa nota.

Educar para a individuação não significa pouco afeto e abandono, mas sim expor as crianças ao desamparo e ajudá-las a compreender e suportar a dor que daí decorre. Ensiná-las a estarem sós.

Como isso em geral não acontece, o estar só integrado com sentir solidão acaba sendo o atalho mais curto para a depressão.

As drogas que tanto assustam os pais são apenas formas simplistas de lidar com a dependência/desamparo. O buraco é bem mais embaixo.

Agindo como indivíduos independentes, como pessoas que regem sua vida pelas ideias próprias e refletem sobre os condicionamentos sociais, teremos condição de formar jovens com autonomia.

Violência contra a mulher

Infelizmente, apesar de anos terem se passado desde o primeiro texto que escrevi sobre a mulher, ainda persistem situações que envolvem a violência contra ela.

Mulher

A cada quatro minutos, uma mulher é agredida em seu próprio lar por uma pessoa com quem mantém relação de afeto, segundo a Sociedade Mundial de Vitimologia, sediada na Holanda, que pesquisou a violência doméstica em 138 mil mulheres de 54 países: 23% das brasileiras estão sujeitas à violência doméstica.

Pelo menos **30 milhões (a maioria na África) são dilaceradas pela amputação dos órgãos sexuais. A cada dia, seis mil meninas são obrigadas a se submeter a essa violência,** uma prática atroz e perversa, perpetuada em nome das tradições religiosas e culturais.

A circuncisão ou mutilação genital feminina consiste no corte parcial ou total do clitóris. A vagina é costurada deixando apenas um orifício mínimo para escoamento da urina e do sangue menstrual. O ritual é praticado por anciãs com um objeto cortante, como faca, navalha ou pedaço de vidro, sem a menor assepsia.

A modelo da Somália Waris Dirie, nascida em 1965, sofreu essa mutilação aos 5 anos de idade. Atualmente, é embaixadora da ONU e trabalha para abolir essa violenta tradição.

A África do Sul é um dos países com maior registro de estupro. Segundo grupos de defesa dos direitos humanos, uma mulher é estuprada a cada 17 segundos. Dados do governo mostram que um em cada quatro homens já violentou uma mulher. Em novembro de 2010, o país ganhou as manchetes quando se divulgou que uma garota de 15 anos foi estuprada por colegas da escola, no leste de Johannesburgo, e os professores se divertiram assistindo às imagens da violência gravadas por um celular.

Práticas de barbárie se unem à tecnologia mais moderna, em uma violência explícita e recorrente, reforçada pela emergência absurda de novas camadas de espetáculo e perversão sobre a violência. De um segredo entre o homem violentador e uma mulher inocente, o estupro ascende ao patamar social de ritual coletivo pela tecnologia moderna. E a sociedade se omite em todos esses casos!

5. Dos 25 aos 40 anos: entre a maternidade e o prazer

A crueldade do incesto

A cada ano cerca de um milhão de crianças são diretamente afetadas pela violência sexual. O incesto ocorre quando há contato sexual em qualquer relação onde haja dependência. O mais óbvio é entre pais e filhos.

No entanto, também pode haver abuso de poder em outros tipos de relacionamento, quando uma das partes é frágil e desamparada e a outra detém o controle da situação: líderes religiosos e fiéis, professor e aluno, terapeuta e cliente, médico e paciente, patrão e empregada.

Poderíamos chamar de relações oportunistas, pois uma das partes se aproveita do desequilíbrio de forças para obter ganhos na relação.

Nessas circunstâncias, o contato sexual nunca é justificável porque envolve sempre uma "perda de escolha". Quem está fragilizado abre espaço para que a pessoa dominante se aproveite de modo a obter favores que chegam até o sexo.

No caso do adulto, mesmo quando o abuso é sofrido, em geral ele dispõe de mais recursos para se defender. Diferentemente do que ocorre com a criança, ainda mais quando o autor do incesto é pai, mãe, padrasto, qualquer pessoa afetivamente próxima a ela.

As crianças trapaceadas permanecem presas nessa armadilha ao longo de sua vida. Quando se tornam adultas, a realidade do incesto continua sendo negada. Sentem vergonha de seus traços de dependência e procuram preencher as necessidades do pai e da mãe a custo de sua própria habilidade de evoluir afetiva e socialmente.

Uma paciente que sofreu abuso sexual por parte do pai confidenciou-me certa vez:

— É como se uma parte de nós continuasse criança, carente. Tentamos e até conseguimos disfarçar, mas às vezes não dá para segurar, cai a máscara e ali estamos nós, sozinhas, pedindo socorro. Então procuramos uma figura masculina forte, protetora. Carregamos

Mulher

essa carência e ela nos leva a cometer erros ao escolher nossos companheiros e a continuar procurando esta família, apesar de nos fazer tão mal.

Aceitar nossas necessidades pessoais de dependência é uma importante lição no aprendizado de como estabelecer intimidade com outra pessoa. Mas a mulher seduzida pelo incesto não encara esse fato. Continua a sabotar o desejo para alcançar os benefícios da intimidade e do amor com outra pessoa. As necessidades do outro se sobrepõem às suas próprias, como se pode observar neste outro depoimento:

— Odeio o fato de ter sido abusada sexualmente por um homem que eu amava como pai. No entanto, nas minhas fantasias, quando sinto prazer, o homem que idealizo "tem nuances" de pai. Ele é carinhoso, autoritário, imponente e, acima de tudo, é alguém que admiro. Não é contraditório? É como se houvesse um vazio em mim que nenhum homem poderia preencher. Esse espaço era de alguém que me machucou muito e fechou todas as portas... Não consigo parar de chorar, vou dar um tempo.

O depoimento a seguir, em tom de desabafo, apresenta muitas outras cicatrizes difíceis de curar, entre elas a mágoa diante da "cegueira" e do silêncio da mãe:

"Tenho uma irmã, meio-irmã, pois é filha do meu padrasto. Sentia muito ciúme dela. O carinho que ela recebia de seu pai era tudo o que queria. Por isso, tentava fazer de tudo para deixá-lo feliz, agradá-lo...
Não me lembro de ter havido penetração do pênis, mas do dedo, sim. Aliás, foi esse episódio que me assustou, me fez sentir dor — eu tinha 9 anos — e resolvi contar tudo para a minha mãe. Lembro-me de que fiquei muito assustada.
Porém, minha mãe, além de não acreditar, me deu uma surra para

5. Dos 25 aos 40 anos: entre a maternidade e o prazer

parar de mentir. Em alguns momentos, eu achava mesmo que minha mãe tinha razão — que era coisa da minha cabeça...

'Senta aqui, filha, no colo do pai, me conta o que você fez hoje', ele me dizia. É incrível quantas vezes fui tocada na frente da minha mãe e ela não via! Lembro-me de olhar para ela como se dissesse: 'Olha mãe, não é mentira!'

Odeio minha mãe. Sinto-me monstruosa ao dizer isso. Gostaria de odiá-la sem sentir culpa. Não quero ser racional e compreender que ela era 'um pobre-diabo', que não teve nenhuma chance na vida. Quero odiá-la e ponto!

Provavelmente depois deste desabafo vou comprar um presente para ela e me arrepender de ter dito isso. Mais uma culpa para a Margarida carregar... E daí? Dane-se!".

Principais repercussões

A silenciosa sedução, que muitas vezes chega a experiências corporais, como beijos na boca e carinhos sexuais, pode influenciar e até mesmo desestruturar a sexualidade dessas meninas, sua intimidade e seus relacionamentos amorosos, profissionais e sociais.

Vou citar apenas os danos emocionais mais comuns que se manifestam na mulher abusada afetiva, emocional e sexualmente durante a infância:

a. Sentimento de amor e ódio pelo pai

Frequentemente ela apresenta e verbaliza esses sentimentos. Por um lado, sente-se privilegiada pela reação especial; por outro, nunca se acha suficiente boa para esse mesmo pai. Daí sobrevém um sentimento de culpa que resulta em raiva. A agressividade é disfarçadamente expressada.

b. Sentimento de abandono pela mãe

Nutre pela mãe um sentimento hostil e ambivalente. Com frequência,

Mulher

a relação mãe/filha é competitiva. A mãe é encarada como uma adversária, uma rival.

c. Sensação de culpa

A menina considera-se culpada em relação às suas necessidades e ao seu desamparo. O passar do tempo desperta nela angústia e ansiedade. Não consegue identificar quais são os seus reais desejos.

d. Instabilidade nos relacionamentos

Ela entra e sai de namoros e outras relações afetivas sem jamais estar satisfeita, como ilustra o depoimento a seguir:

— Nunca consegui manter uma amizade verdadeira. Sou muito desconfiada. Entro com tudo, dou tudo de mim e fico à espera do momento em que a pessoa irá me decepcionar. É obsessivo, doentio. Várias vezes me afastei de amigos que até hoje não sabem o motivo do meu sumiço.

Estabelecer intimidade é uma missão impossível para essas mulheres-meninas.

Geralmente demonstram ambivalência em relação a "compromisso". A dualidade de sentimentos experimentada em relação ao pai e à mãe se estende aos companheiros, amigos, enfim, a todos os relacionamentos.

e. Rejeição à hipótese da maternidade

Ter um filho é gestar uma relação. E uma relação por toda uma vida. Por isso abortar é comum nessas mulheres-meninas. Desse modo, abortam-se, também, a intimidade, o compromisso e a longa relação. Para ela, a possibilidade de se comprometer na relação com uma criança é conflitiva e aterrorizante.

f. Tendência a compulsões

Na área da sexualidade, a principal característica das mulheres

5. Dos 25 aos 40 anos: entre a maternidade e o prazer

abusadas na infância é a hipersexualidade. A compulsão por sexo é a norma. Algumas poucas sofrem disfunções de desejo e orgasmo. Podem evitar sexo, numa tentativa de se livrar desse passado. Para a maioria, no entanto, sexo torna-se uma droga, uma adição obsessiva e compulsiva. Às vezes, há alternância entra a mania e a aversão por sexo.

Podem surgir outras compulsões e adições, como a dedicação exagerada ao trabalho, à busca de sucesso e de destaque. A comida também costuma ser alvo: a mulher come compulsiva e vorazmente.

O depoimento abaixo é eloquente. Mostra como o hábito que os agressores cultivam de presentear, ou melhor, "comprar" a criança com balas, chocolates, bonecas e passeios, a fim de conseguirem o que querem, dá margem a distorções no futuro.

"Quando meu padrasto queria me tocar, sempre ficava 'bonzinho': mudava a voz, os gestos, me dava uma bala, um doce, uma moeda. Aprendi o jogo bem rápido, sabia o que fazer para conseguir o que queria. Aprendi tão bem a lição que fiz uso dela quando quis escapar da pobreza. Prostituí-me como menina e como mulher. No primeiro caso, para fazer parte da família. No segundo, para fugir dela. Tenho pena do José, eu o usei. Representei o papel que ele queria e o cobrei por isso. Acho que fiz muito mal a ele, não por ter cobrado, mas por ter dado em troca 'aquela menina'. Sei que ele vive insatisfeito depois que amadureci. Sonha com o que eu fui, achando que vou voltar a ser como antes. Faz tantos anos... Por que ele não desistiu? Percebeu que um lado meu continuava a sentir prazer naquele contexto e usou isso a seu favor. Não quero mais ter de fingir que sou criança para sentir prazer. Isso me dá nojo."

g. Confusão entre afeto e sexo

Para as mulheres que sobrevivem ao incesto na infância, afeto não é afeto; é sexo!

E sexo é uma violência, um assalto. Não é afeto nem amor.

Observei essa equação linear em muitas pacientes que atendi. É

Mulher

enorme o número de sobreviventes que têm fantasias sexuais. Parecem transpirar sexo por todos os poros. Expressam sua sexualidade na maneira como falam, comem e se vestem.

Mesmo na "fase adulta" podem demonstrar uma paradoxal combinação de máscaras angelicais e/ou *"femme fatale"*.

Muitas gastam horas se maquiando. São perfeccionistas. Enquanto isso, a imagem no espelho alimenta cenas e projeções do poder que vão exercer.

Elas sabem tudo o que um homem quer, pois o seu desejo é duplo, masculino e feminino, e ao seu lado o homem conhece a "mulher ideal".

Elas constroem uma imagem de si como a mais pecaminosa das mulheres e, assim, estruturam uma associação contraditória e negativa com sua sexualidade. Encarnam a coragem da mentira, da vida dupla.

h. Pesadelos

Os sonhos dessas mulheres abusadas se caracterizam por perseguições, ameaças e ciladas. Pesadelos são frequentes, o que desperta o medo de dormirem sozinhas, no escuro.

i. Fobias

São comuns os medos de locais fechados, de aglomerações, de vínculos sufocantes e da sensação de abandono e desamparo, angústia e depressão.

O claustrofóbico sente-se mal em lugares fechados e/ou apertados, como elevador cheio e trânsito congestionado em um túnel. Mas muita gente não consegue amar ou se deixar amar por causa do medo de aprisionamento, de reduzir o espaço da própria vida.

Esse sintoma, da área da ansiedade, complica-se ao se associar à depressão, que tende a potencializá-lo. Daí a mulher cria uma espécie de defesa e se fecha em seu mundo. Enquanto isso, prevalecem a insatisfação, a sensação de que o tempo está passando e ela está se enterrando numa vida pequena, de que a rotina está tolhendo seu espaço da vida.

5. Dos 25 aos 40 anos: entre a maternidade e o prazer

j. Autodestrutividade

Para o leigo, é difícil compreender a autossabotagem, a capacidade de sabotar e destruir a si mesmo, mas os profissionais da psicologia conhecem bem esse comportamento que pode levar uma pessoa a pegar uma gilete e cortar a si mesma.

k. Desejo obsessivo de privacidade

Há nesta mulher-menina uma necessidade vital de privacidade, que produz uma tumultuada relação com os cômodos de sua casa: banheiro, quarto, sala etc. Talvez derive da ameaça persistente da entrada do pai no quarto quando ela era pequena e não podia trancar a porta.

Sobreviver é possível

Os sintomas e comportamentos alterados têm a sua razão de ser: permitem à sobrevivente evitar lembranças e sentimentos dolorosos.

O isolamento e a solidão, a falsidade e a descrença, a ameaça e o medo ativam os mecanismos de proteção contra uma realidade que ela não consegue tolerar.

Precocemente, esta menina desenvolveu uma variedade de adaptações cognitivas. É reação de defesa. Sobrevivência adaptativa.

Muitos profissionais podem avaliar essas adaptações como doentias e incluí-las no rol das desordens mentais.

Pessoalmente, vejo tudo isso como criativas e admiráveis técnicas de sobrevivência. São fantásticas adaptações de defesa.

Quantas vezes repeti que não existia loucura, mas sim adaptação?

É como se a menina passasse em um enduro, um rali. E não tivesse um jipe, só um triciclo. Para enfrentar ou negar a violação sexual por parte de uma pessoa tão próxima afetivamente, essa criança não pode procurar resolução emocional, muito menos fugir.

Mulher

Sendo assim, é quase inevitável desenvolver dificuldades emocionais, relacionais e comportamentais que, se não forem tratadas, podem ter graves consequências.

Essas dificuldades não são *déficits*, mas reações normais diante de uma situação anormal.

Para nos ater ao conceito de "disfunção" ou "desordem patológica" e suas sequelas, atribuímos à sobrevivente do incesto a fragilidade e nos esquecemos de reconhecer a força do seu espírito e de sua criatividade para reagir a duras penas.

Uma adolescente que enfrentou tantos obstáculos com seus poucos recursos adquiridos em idade precoce e mesmo assim resistiu, sobrevivendo a um trauma dessa dimensão, não merece ser vista como **fraca**.

É uma tendência do profissional de saúde, médico ou terapeuta, valorizar mais a doença do que a saúde, a dor do que o prazer, a fraqueza do que a força.

Sempre tive uma visão diferente. Não devemos enfatizar a vitimização e ignorar a força do sobrevivente.

> O que foi machucado e cicatrizado
> pode interferir na vida adulta,
> mas muitas mulheres andam
> nesse mundão feridas, sim, mas não paralisadas
> pela depressão, nem consumidas pelas drogas.

As mulheres que conseguiram cicatrizar suas mais profundas feridas, hoje verdadeiramente curadas, não se posicionam como vítimas, e sim como sobreviventes.

A superação parcial ou total se faz com o enfrentamento terapêutico de verdade. Grupos e redes de apoio a vítimas de abusos são excelentes, pois estimulam a solidariedade entre pessoas que viveram dolorosas experiências comuns.

5. Dos 25 aos 40 anos: entre a maternidade e o prazer

Gravidez: a maior prova de esforço

A gravidez é, sem dúvida, a maior prova de esforço e um destino praticamente inevitável para as mulheres.

O cenário ideal para uma gravidez envolveria um casal maduro, que se ama muito, com boa condição cultural e econômica e que deseja constituir família. Daí, a mulher para de tomar pílula e engravida logo no primeiro ou, no máximo, no segundo ano de sexo sem uso de contraceptivo.

Sabe quantas mulheres e quantos casais engravidam nesse cenário? Não chegam a 4%. O índice varia entre 2% e 4%. Assim, 96% a 98% das gestações são "indesejadas", "acidentais".

Só acredito em gravidez indesejada de fato quando ocorre em mulheres que já se submeteram à laqueadura ou nas que usam DIU. Se ela se esqueceu de tomar a pílula, esse gesto pode ter sido guiado por motivações internas. Alguma coisa no inconsciente das pessoas faz com que elas busquem determinados caminhos.

A gravidez abre um painel de possibilidades riquíssimas. Acena com alternativas futuras, mas também traz à tona acontecimentos do passado. É como dirigir um automóvel: olhamos para a frente, mas estamos atentos aos retrovisores.

O significado simbólico é diferente para o homem e para a mulher. Para o homem, engravidar a esposa, a namorada ou outra mulher é sinal de força, poder e virilidade. Para a mulher, a gravidez representa o fechamento de um ciclo, sentir-se mulher, mais feminina. Às vezes, também preenche vazios amorosos, pois um filho traz sempre a chance de estabelecer uma relação afetiva com alguém e, até os 12 anos, pelo menos, essa criança necessitará de cuidados.

Mulher

Dicas para o pré-natal

Alimentação

* Fracione mais sua dieta, ingerindo pequenas porções de alimentos várias vezes ao dia.

* Prefira frutas, verduras, legumes, carnes magras e grãos integrais. Eles são ricos em fibras, que facilitam o trânsito intestinal e diminuem o risco de hemorroidas.

* Evite frituras, doces e refrigerantes, para prevenir ganho excessivo de peso.

* Se tiver náuseas no início, coma a cada três horas, de preferência alimentos gelados, ácidos e de fácil digestão.

* Tome, no máximo, três xícaras de café por dia.

* Evite ingerir leite e derivados que não sejam pasteurizados.

* Coma de duas a três vezes por semana peixes ricos em ômega-3, como salmão ou truta. Mas evite sashimi. A ingestão de peixe cru está proibida durante toda a gestação.

* Tome de dois a três litros de líquido por dia, principalmente água.

* Para combater a azia do final da gravidez, beba pequenas quantidades de sucos cítricos com a refeição. E nunca se deite logo após. Pode aumentar o mal-estar e o risco de refluxo.

5. Dos 25 aos 40 anos: entre a maternidade e o prazer

Exercícios físicos

* Evite atividades físicas de alto impacto.

* Se você faz exercícios aeróbicos regularmente, mantenha a prática, mas não permita que sua frequência cardíaca ultrapasse 140 bpm.

* Se faz musculação, adapte o treino para séries de resistência, não de força.

* As sedentárias podem fazer alongamento, ioga e hidroginástica a partir de 12 semanas.

Sexo

Se não apresentar sangramento, cólica ou dor, a atividade sexual é liberada durante toda a gestação.

Beleza

* Use diariamente protetor solar com FPS 30 para prevenir manchas.

* Quando estiver ao ar livre, sobretudo na praia ou no clube, use protetor solar com FPS 60 e reaplique a cada duas horas. Proteja-se usando chapéu e óculos escuros.

* Após o banho (de preferência morno), espalhe um bom hidratante na pele, em especial na barriga, nos glúteos e nas coxas, para prevenir estrias.

Mulher

* Tinturas de cabelo sem amônia podem ser usadas a partir de 16 semanas. Já escovas progressivas e relaxamento são proibidos.

Outros cuidados

* Tome suplemento de ácido fólico (5 mg) se possível três meses antes de engravidar.

* Use vitamina C (1 g) e vitamina E (400 mg) assim que souber da gravidez.

* Utilize suplementos vitamínicos específicos para futuras mamães após 12 semanas de gestação.

Exames

Período	Nome	Objetivo
Primeira consulta	Hemograma	Avaliar a saúde da gestante.
	Sorologia para toxoplasmose, rubéola, CMV, hepatite, anti-HIV e VDRL	Diagnosticar doenças que podem prejudicar a gravidez e o embrião.
	Glicemia de jejum	Diagnosticar diabetes.
	TSH	Avaliar o trabalho da tireoide.
	Urina I e Urocultura	Pesquisar infecções urinárias.
	Teste de Coombs	Evitar problemas por incompatibilidade entre o Rh da mãe e o do embrião.
5 semanas	Ultrassom obstétrico e transvaginal	Visualizar o saco gestacional.
6 semanas	Ultrassom obstétrico e transvaginal	Visualizar o embrião.

5. Dos 25 aos 40 anos: entre a maternidade e o prazer

7 semanas	Ultrassom obstétrico e transvaginal	Observar os batimentos cardíacos do feto.
12 a 14 semanas (1º trimestre)	Ultrassom morfológico com medida da translucência nucal, osso nasal e *Dopplerfluxometria* associado ao perfil bioquímico fetal	Analisar em detalhes os órgãos fetais, estimar o risco de malformações, avaliar sua circulação e vitalidade.
18 a 22 semanas (2º trimestre)	Ultrassom obstétrico morfológico com *Doppler* e medida do canal cervical	Analisar em detalhes o desenvolvimento do feto.
28 a 32 semanas	Ultrassom com *Doppler*	Acompanhar a evolução do feto.
	Cultura de secreção vaginal e Swab anal para *Streptococos* do grupo B	Diagnosticar infecções que podem afetar a evolução da gravidez.
36 semanas	Ultrassom com *Doppler*	Acompanhar a evolução do feto.
	Hemograma, sorologias e urina com cultura	Diagnosticar doenças que podem prejudicar a gravidez e o feto.
36 a 40 semanas	Ultrassom com *Doppler* e perfil biofísico fetal	Acompanhar o crescimento do feto e avaliar sua vitalidade.

Colaboração: Dra. Claudia Leite.

Quando desejada, a gravidez é um sacrifício feliz. Mas, ainda assim, um sacrifício. Se for indesejada, torna-se um horror, um sacrifício complicadíssimo.

A gravidez é, sem dúvida, a maior prova do organismo do ponto de vista funcional, somático, psicológico e comportamental.

Só para se ter uma ideia, se antes da gravidez a mulher sofria de diabetes, embora a disfunção não se manifestasse com sintomas, na gestação os níveis de açúcar no sangue podem atingir níveis preocupantes, com repercussões graves para mãe e filho.

Mulher

Se antes de engravidar seu coração tinha um pequeno problema, mas dava conta do recado, agora, submetido a trabalho dobrado, pode apresentar insuficiência.

O mesmo acontece na esfera psicológica: se existe um núcleo psíquico desestruturado, por exemplo, conflitos ligados à maternidade, na gravidez eles tendem a aparecer com força total. E no social também: um relacionamento difícil com o ambiente, antes compensado por algum comportamento, tende a explodir na gestação, pois o modo de agir se modifica.

A gravidez é uma prova de esforço. Coloca a mulher em xeque.

Também pode ser considerada uma fase de crise. Afinal, o período de nove meses se caracteriza por transformações profundas na vida social, profissional, afetiva e corporal da mulher e do homem. Tornar-se pai e mãe é diferente de se reproduzir.

Tais modificações podem desestruturar todo um referencial prévio de valores, modos e relacionamentos, e até mesmo de identidades, uma vez que o casal precisa dar respostas razoavelmente rápidas e adequadas a essas situações.

Assim como toda crise, a gravidez pode colaborar para o crescimento pessoal, quando os ajustes conduzem a um novo nível de integração, ou estimular comportamentos infantis que denunciam a baixa capacidade de adaptação do casal.

Caso haja qualquer problemática, ela emerge nessa fase.

Não é à toa que se diz: "Ser mãe é padecer no paraíso".

O problema é que se fala demais (e apenas) no paraíso. O obstetra precisa mostrar que existe também o padecer.

Padecendo no paraíso

A nossa cultura nega qualquer sofrimento relacionado à gestação. Ai da mulher que reclamar do incômodo do enjoo, das formas

5. Dos 25 aos 40 anos: entre a maternidade e o prazer

perdidas, do peso na barriga! Não é permitido expressar sentimentos negativos em relação à gravidez. Se o fizer, logo vem o "dedão social" para criticá-la.

Nem o médico autoriza a gestante a expressar suas angústias. A pressão é tanta que ela se enche de culpa, como se, manifestando suas queixas, estivesse rejeitando seu filho. Porém, muito raramente a rejeição acontece. Nesse estágio, o bebê ainda é uma fantasia mental, com todas as suas projeções; por isso o mais provável é que ela esteja rejeitando essa situação nova marcada por transformações violentas em um período muito curto de tempo. Nove meses passam rápido demais.

Na adolescência, ela teve mais de dez anos, no mínimo, para se adaptar à nova condição. Agora, em menos de um ano, vira tudo de cabeça para baixo.

Quanto mais houver compreensão do ginecologista durante o pré-natal para a futura mãe expressar essas vivências e não sentir-se culpada, mais ele estará contribuindo para a saúde da gravidez e facilitando a formação do vínculo entre mãe e filho.

Somatizações gerais e partos prematuros estão muito ligados à ansiedade de pôr o bebê para fora. Às vezes, surgem conflitos sérios.

Lembro-me de uma paciente grávida de sete meses, com um marido machista, que foi para o hospital apresentando contrações uterinas. Durante uma crise de choro, ela confessou que não queria a gravidez. E as contrações continuavam. Depois de chorar por cerca de 40 minutos e revelar sua tristeza e seu medo diante do adultério do marido, as contrações foram diminuindo, diminuindo, até cessarem.

Como o mundo mudou muito em pouco tempo, a vivência da gravidez é particularmente difícil para diversas mulheres. Há 30 anos, a maternidade era a única meta e forma de expressão da mulher. Hoje, ela dispõe de um rico painel de expressões na sociedade. Além disso, há um culto obsessivo à estética corporal, ao individualismo e à intelectualidade. Agora, a profissão é mais valorizada do que as tradicionais tarefas domésticas atribuídas ao sexo feminino.

Mulher

No passado, quando acontecia a gravidez, o sentimento predominante era de ganho. Mas, hoje, a mulher vê, inicialmente, as perdas no seu corpo (medo de engordar demais, ficar com estrias), na sua liberdade e no seu poder de atração sexual sobre o marido. Sente-se como se tivesse caído em uma armadilha.

Diante disso, também fui obrigado a mudar a minha abordagem. Antes, ao receber a notícia de uma gravidez, ia logo cumprimentando a paciente: "Parabéns!". Algumas vezes fui infeliz na minha euforia!

Agora, pergunto primeiro: "Como você está se sentindo?". A própria expressão da mulher já responde. Se for o caso, procuro confortá-la por não estar feliz "como manda o figurino".

É uma atitude politicamente correta do médico. Desse modo, ele abre espaço para a gestante dizer, quem sabe, que está infeliz.

O triângulo essencial

A gravidez mobiliza três vínculos importantes para a gestante: o médico, a mãe e o marido. Vejamos como isso acontece ao longo das diversas fases da gestação.

No começo, o corpo ainda não demonstra muita mudança, mas os hormônios estão alterados. A mulher se encharca de progesterona, que provoca sono excessivo e fecha partes cognitivas (de comunicação) do cérebro, o que a leva a um processo de introspecção. É como se o mundo de fora ficasse desfocado. E muito mais do que na fase pré-menstrual, pois a quantidade de hormônios em circulação é bastante alta.

A progesterona provoca um retorno à primeira experiência de mãe, vivida ao brincar com a primeira boneca, quando fantasiava seu filho com a figura mais importante do seu mundo masculino, seu pai.

Esse fenômeno psicológico chama-se regressão. Essa regressão não é global e pode atingir graus distintos em momentos diferentes da gravidez. Quando se fala que a gestante regride a períodos infantis, logo

5. Dos 25 aos 40 anos: entre a maternidade e o prazer

se imagina que vá engatinhar. Não é isso! A regressão leva a formas infantis de se relacionar com pessoas significativas para ela.

No trabalho, por exemplo, sua relação com o computador não é afetada, pois ela mantém a mesma capacidade intelectual, mas quando chega em casa e sente falta de um simples sorvete de chocolate, pode reagir com um apelo infantil: choro, birra, tudo porque o maridão não foi capaz de adivinhar seu desejo.

A mulher regride em algum departamento emocional. Choca-se com as duas mães internalizadas: a mãe-fada e a mãe-bruxa. Quando a gestante tende a preservar a própria mãe como fada, projeta a bruxa na sogra.

Tive uma paciente que jamais conheceu a sogra. Os pais de seu marido se separaram quando ele tinha 18 anos e ele preferiu ficar com o pai. A mãe nunca o perdoou por isso. Não conheceu a nora, não foi ao casamento nem jamais apareceu na casa deles. Mesmo assim, minha paciente preocupava-se, achando que a sogra voltaria para dar palpites na educação do neto. A sogra, de fato, não existia para aquela família.

O fundamental é que o companheiro, a mãe e o médico ajudem a mulher a enfrentar esse processo e não contribuam para mantê-la nessa fase de regressão, que a impede de pensar como uma pessoa madura. O médico, sobretudo, pode ser uma figura muito idealizada para ela, ainda mais se for do tipo onipotente.

O movimento da gravidez não é linear — envolve regressão, progressão, regressão. É um ciclo de idas e vindas. Não há nada de errado ou patológico nisso. O problema é que ninguém aceita.

A falta de sintonia

No primeiro trimestre, o hormônio da gravidez aumenta tanto que provoca sono, introversão e, às vezes, enjoo. O parceiro fica "desfocado".

O início da gestação é um período difícil de adaptação. Só perde para o pós-parto. O maridão fica perplexo e acredita que ela não quer mais

Mulher

nada com ele. Já se sentindo naturalmente excluído pelo fato de a gravidez transcorrer dentro do organismo feminino, agora ele acha que está de fora mesmo e reclama que a mulher está chata, não quer conversar.

Assim segue o primeiro trimestre, com alguns cuidados para afastar o risco de aborto e perder o feto. De repente, o nenê se materializa. Antes, essa "materialidade" só ocorria quando ela ouvia os batimentos cardíacos do feto pela primeira vez. Agora, a ultrassonografia antecipa esse momento, permitindo a rápida percepção do bebê como um ser real.

Ao final do terceiro mês, o homem começa a sentir mais angústia, vive sua regressão e infantilização. O obstetra Décio Noronha narra o caso de um pai que teve uma regressão tão grande a ponto de querer mamar em um seio enquanto o bebê sugava o outro.

O homem lida com esse quadro de forma diferente. Enquanto a progesterona torna a mulher introspectiva, ensimesmada, a testosterona tem efeito contrário, deixa o homem mais ativo. Sua angústia diminui quando joga mais futebol ou tênis ou fica até tarde no bar com os amigos. O homem busca o "Clube do Bolinha" para atenuar seu sofrimento.

Lembro-me de um amigo encarregado de buscar o resultado do teste de gravidez da esposa. Deu positivo. Só avisou a esposa depois de correr no Parque Ibirapuera!

Quando a gestante começa a se voltar para fora e procurar o marido, ele está irremediavelmente ligado no "Clube do Bolinha".

Facilitaria muito o entendimento do casal se ambos soubessem as formas como os gêneros reagem à gravidez: um se introverte, o outro se extroverte. São movimentos diferentes o do pênis (para fora: extroversão) e o da vagina (para dentro: introversão). Se fosse ensinado a ambos que isso é natural, que as atitudes de um não são contra o outro, mas a favor de si mesmo, os dois seriam poupados de sofrimento.

Se você, homem, deixá-la quieta nessa ocasião, depois ela voltará melhor para você. A recíproca vale: o que ele está fazendo não é contra você, mulher, é a favor dele. Tudo é uma questão de tempo.

5. Dos 25 aos 40 anos: entre a maternidade e o prazer

Sexualidade na gravidez

A gravidez é um ótimo período para a mulher reavaliar sua sexualidade. Tirar máscaras, disfarces e aceitar sua própria natureza. E que maravilhosa natureza!

A mulher é, por essência, um ser cíclico, e sua sexualidade não coincide com sua genitalidade. Ao contrário dos homens, ela não precisa da relação sexual como única forma de viver sua plenitude sexual.

Na gestação, ela tem a oportunidade de mostrar ao sexo oposto essa diferença, enquanto observa, com prazer e erotismo, as mudanças ocorrendo no seu corpo. Mas, ao contrário, se não estiver bem, pode sofrer (e muito!) com essas mudanças.

Após o quarto mês, é como se um botão se abrisse. Devido ao aumento da circulação periférica, há maior quantidade de sangue irrigando a pele, tornando o tato mais aguçado. Há brilho, poesia, sensualidade. O maridão entra no foco, é redescoberto.

No segundo trimestre, a gestante volta a querer ter relação sexual. É ela quem deve comandar o ritmo sexual e dar os sinais. O risco de aborto foi afastado. No começo, ela fantasia que o pênis pode machucar o bebê. Depois isso passa, caso a gravidez seja normal.

Na mulher que teve sangramento no início da gestação ou algum aborto anterior, esses temores multiplicam-se por dez. É muito natural que algumas mulheres sintam-se inseguras na gravidez, daí a importância do companheiro.

Nós, homens, temos dificuldades em nos adaptar à "metamorfósica" gestante. Não sabemos lidar com modificações no exercício do sexo. Queremos fazer tudo como sempre fizemos. Somos muito genitalizados. Se as coisas mudam, ficamos perdidos, sem saber como agir. Que tédio!

Agimos, muitas vezes, como orangotangos. Falo orangotango não como metáfora, mas porque o macho da espécie fica extremamente irritado quando a fêmea está grávida. Infelizmente, é assim que muitos maridos fogosos reagem. Muitos homens são péssimos amantes e se comportam mal durante a gestação.

Mulher

Uma minoria de casais começa a compreender as modificações próprias dessa etapa como sinais do amor que está crescendo. Essa minoria perde o medo de machucar o bebê na relação sexual e não se assusta com o colostro que sai da mama. Vive suas relações sexuais com prazer durante quase toda a gravidez.

Tenho acompanhado homens maravilhosos no pré-natal. E digo com segurança que o melhor obstetra do mundo é um bom marido, que acompanha a gestante no dia a dia. Os mitos e tabus da santificada Virgem Maria ainda existem, atrapalhando muitos casais. Mas a mulher moderna já superou esse pesadelo histórico. Transa, e bem, durante a gravidez.

A vivência da maternidade provoca na "mulher-filha" uma hipertrofia ou uma atrofia do feminino. Na primeira, há uma exaltação do feminino, um fortalecimento de todos os instintos de fêmea e de mulher. Na segunda, as mulheres costumam ser excessivamente maternais. Para elas, o homem é apenas o reprodutor, que passa a ter o caráter de objeto e merecer o mesmo cuidado que filhos, parentes, o gato, o cachorro e o passarinho.

O pai é um excluído

Terceiro trimestre, o nenê está quase chegando.

A mulher sente-se mais pesada, e o homem, excluído. Aliás, ele se sente excluído sempre.

Todas as imagens estereotipadas da paternidade contribuem para isso. Qual é a função do pai? Distribuir charutos quando o filho nasce.

E as conversas diante do berçário continuam as mesmas de 30 anos atrás:

— Minha princesinha, se algum garotão chegar perto de você, eu o mato.

— Olhe o tamanho do pinto dele, vai "faturar" todas as meninas do bairro.

5. Dos 25 aos 40 anos: entre a maternidade e o prazer

Durante a maior parte da gravidez e no momento do parto, o homem deve contentar-se com um papel secundário, enquanto a peça principal, o verdadeiro drama, é da esposa, do bebê e do obstetra.

Todos esses antigos rituais masculinos poderiam ser traduzidos enfaticamente assim: "Olhe, eu também estou aqui. Faço parte".

Muitas maternidades colaboram para a marginalização do pai, pois só permitem sua presença na sala do parto mediante o pagamento de uma taxa. O nascimento e a morte são acontecimentos familiares. É direito de cada cidadão estar perto do seu cônjuge sem pagar quaisquer taxas.

Trocando em miúdos: em nossa cultura, o pai é um excluído. No entanto, a atitude emocional do pai na tríade familiar é significativa desde o momento da concepção.

A relação do pai com o filho obedece às esperanças que o homem traz consigo muito mais do que aos hormônios, como sucede com a mãe.

Quem acompanha pré-natais, e depois a evolução do casal durante alguns anos, sabe a importância da atitude emocional do pai na formação do vínculo e no desenvolvimento saudável da relação do casal e até da relação inicial da mãe com o bebê.

A predominância crescente da família "nuclear" (formada pelo casal e um ou dois filhos), afastada dos parentes, e a mudança na estrutura social da classe média, com a saída da mulher para o mercado de trabalho, redefinem e enfatizam o papel participativo do pai antes e depois do nascimento dos filhos.

Os quatro nascimentos

A regressão pode voltar no final da gravidez, desencadeada pelo medo do parto.

A mulher guarda na memória, presente e antropológica, muitas mães que morreram ao dar à luz. O medo procede, não é irreal, embora isso já não seja mais tão comum.

Mulher

Todos esses processos tornam-se ainda mais intensos quando existe um problema na gravidez, como ameaça de aborto, hemorragia, hipertensão arterial.

Os perigos do parto são tão reais quanto fantásticos: o medo do parto ou da anestesia às vezes é um medo deslocado. Segundo meu amigo Décio Noronha, durante o parto o obstetra assiste a quatro nascimentos: nasce uma criança, um pai, uma mãe e uma família. Às vezes, também nasce uma avó, que pode ser muito útil ou nociva para essa mãe.

O parto da criança é o mais fácil de fazer; os mais difíceis são os outros. O ponto mais nevrálgico do parto não é o tipo (vaginal ou cesariana), mas a mudança do bebê imaginado para um bebê de carne e osso.

O parto provoca divisão de afetos, modificação de vínculos, afinação de responsabilidades e alterações na identidade de filha para mãe. Todas essas situações bem elaboradas representam desenvolvimento, mas é necessário haver adequação.

Nasce uma nova mãe

De todas as emoções humanas, o amor é a mais estimulante e, às vezes, a mais destrutiva. É fácil sentir o amor, mas é muito difícil viver e realizar o amor. Ter um filho é uma aventura amorosa.

Como planejar o amor? O amor não se planeja, ele simplesmente acontece.

A paternidade e a maternidade são experiências sublimes de realização da alma humana, mas também podem representar uma sórdida armadilha.

Independentemente da cultura e do nível social, a gravidez desperta sensações e sentimentos antagônicos: é o chamado conflito. Porém, nesse caso, trata-se de um conflito motivacional básico, uma vez que está associado às motivações para ser pai ou mãe.

Com o filho que vai chegar estão em jogo a vida e a morte. A vida, pelo renascimento, esperança, ganhos e poesia; a morte, pelas perdas, divisões, medos e frustrações.

5. Dos 25 aos 40 anos: entre a maternidade e o prazer

Todos, sem exceção, vivenciam esse conflito.

Se não existem defesas em relação ao novo papel, o de mãe, a adaptação é estimulante e vitalizante. Contudo, muitas vezes, a mulher "abomina" inconscientemente esse papel, tornando-se, pois, impossível aderir a ele de forma afetiva e ideológica.

A gestante torna-se dividida e tensa, sujeita a uma desintegração de sua personalidade, com possíveis sequelas desagradáveis.

Para que a mãe possa nutrir seu filho — no sentido não apenas de oferecer comida, mas também de alimentar a alma e o espírito —, ela precisa viver simplesmente a experiência com a criança e ter vivido muito como mulher.

A nova mãe nutre. A velha mãe ou a mãe pseudomoderna alimentam conforme os manuais.

A nova mãe se oferece inteira. O melhor leite é o leite da mulher vivida, que traz nele a riqueza do ser humano, com todas as suas contradições.

Afeto envolve agressividade natural para a busca amorosa. Na nossa cultura, porém, a mulher é treinada para conter essa agressividade. E se privar de inúmeras coisas, vivendo com excessiva pobreza.

Dizia uma paciente, indignada:

— Mãe também come sobremesa! Vamos dividir!

Muitas vezes, essa privação é o caminho mais curto para a depressão. Ser pai e ser mãe são aventuras de aprendizado.

A mãe "pronta" só pode criar filhos para o passado, com valores mortos. Velho é tudo o que se repete eternamente; novo é tudo aquilo que se vai criando, formando, aprendendo e transformando. No estagnado, no velho, no estereotipado, no paralisado, fecham-se as trocas.

O amor é troca, comunhão, vida. Ele não convive com o medo.

Parto vaginal *vs.* cesárea

Durante o estágio em obstetrícia, aprendemos que o natural, o normal, é o parto vaginal. Afinal, toda a humanidade nasceu assim.

Mulher

Todo obstetra recebe um adestramento para só "cesarear" uma mulher em último caso, com indicações muito precisas. Caso contrário, deve deixar o trabalho de parto prosseguir, independentemente das contrações e das dores — comparáveis apenas às do cálculo renal.

Passei muitos anos atendendo em enfermarias de pré-parto, sofrendo muito ao ouvir os gritos e gemidos das mulheres. Nosso juramento dizia: "O médico deve aliviar a dor e o sofrimento dos seus pacientes".

Talvez o juramento se referisse apenas aos pacientes homens.

Sem dúvida, a enfermaria de pré-parto coloca o médico novo em conflito.

Na clínica privada, essas dores podem ser aliviadas com a utilização da anestesia peridural contínua. Mas as mulheres pobres continuam sofrendo as dores do parto.

Sugiro que deixem os homens sofrer (sem analgésicos) suas contrações renais até eliminarem a pedra. Quem sabe assim anula-se a ideia de que a dor do parto é necessária ao nascimento.

Nos Estados Unidos, o atendimento consegue ser ainda mais frio. O brasileiro é mais humano e paternalista nessa situação.

Os americanos e europeus fazem "frias" estatísticas em relação ao parto vaginal e à cesárea. Mas não costumam mencionar que eles são campeões em histerectomias (retiradas do útero) e em cirurgias para levantamento da bexiga (períneo e cistocele).

Na faculdade, ensinam-nos que a mulher só terá problemas com a bexiga se for mãe de muitos filhos por parto vaginal, tiver bebês desproporcionalmente grandes, for mal assistida no parto ou apresentar uma constituição física que torne seus tecidos flácidos a ponto de não mais sustentar a vagina.

Hoje, com 35 anos de prática em obstetrícia, deparo-me com outra realidade. Certa vez, uma das minhas pacientes fez a seguinte reclamação:

— Malcolm, por causa daquele parto que você fez, hoje perco urina toda vez que pratico *step* (um tipo de ginástica que utiliza um

5. Dos 25 aos 40 anos: entre a maternidade e o prazer

degrau). Minha companheira ao lado é mais velha do que eu, fez três cesáreas e não tem esse problema. Quando dou uma gargalhada daquelas boas, é um vexame! Molho-me toda e sinto que estou cheirando a urina. Mas o pior não é isso: quando estou transando com meu namorado, ouço um barulho infernal. Parecem gases. Morro de vergonha. Perco a excitação e minha vida sexual está uma droga. Por que você não me avisou no pré-natal que eram comuns esses gases após o parto vaginal e que na cesariana isso não acontecia? Por que você vendeu a imagem de que o parto vaginal era melhor para o bebê e para a mãe?

Essas queixas me angustiam pelo fato de essa e de outras pacientes sentirem-se traídas por seus parteiros, inclusive eu. Algumas vieram de outros obstetras, mas muitas tiveram seus filhos comigo. O sentimento demonstrado por elas era de mágoa.

Fiquei tão chateado que decidi fazer uma pesquisa simples, sem pretensões científicas.

As sequelas de cada um

Comparei cem pacientes que tiveram parto vaginal com cem pacientes que fizeram cesariana, 15 anos ou mais após os partos. Todas elas foram atendidas por mim e por outros obstetras com ótima clientela em São Paulo. Mulheres de bom nível social, bem nutridas, que fazem ginástica e se cuidam, cujos partos foram feitos em maternidades bem aparelhadas.

Depois de longas entrevistas, eis o resultado final. Entre as que tiveram dois ou três filhos por via vaginal, três queixas eram comuns:

— 74% apresentam *flatus vaginal*, ruído vaginal resultante do aprisionamento do ar durante o coito, que é extremamente embaraçoso para muitas mulheres;

Mulher

— 72% percebem alterações na sensibilidade vaginal com perda de força de contensão durante o coito e diminuição do prazer;

— 32% têm problemas com a bexiga: desde dificuldades para controlar a micção quando a bexiga está cheia (urgência miccional) até perdas urinárias quando riem, tossem, espirram ou fazem esforço físico. Das 32 entrevistadas, quatro perdem urina de forma incontrolada.

Das pacientes que deram à luz por cesariana, nenhuma relatou essas queixas. Nesse segundo grupo, a reclamação era que uma delas sentiu dor pélvica até um ano após a cesariana. Detalhe: foi apenas uma em cem.

Praticamente todas sentiam-se bastante depreciadas por não terem tido parto vaginal, como se fossem menos mulheres, menos mães e mais fracas. Em 96 delas, esse sentimento de desvalorização perdurou um bom tempo, atrapalhando o pós-parto, o apetite sexual e a motivação com o bebê.

A última pergunta da pesquisa era: "Você, como paciente, acha que deveria ser informada no pré-natal a respeito desses possíveis 'efeitos colaterais'? É direito da mulher saber antes para não se sentir traída depois?"

Como era se esperar, 100% responderam sim. Elas gostariam de receber informações acerca dos prós e dos contras de cada tipo de parto para argumentar com o médico e fazer uma escolha mais consciente.

Uma consequência embaraçosa

Vale a pena falar um pouco mais acerca do *flatus vaginal*, também conhecido na literatura científica por *vulva tagareles* ou *garrulitas vulvar*. *Garrulitas* significa gorjeio, loquacidade, tagarelice.

Essa manifestação inusitada, ridícula e esdrúxula foi estudada por autores alemães no início do século XX. O ruído aparece de forma

5. Dos 25 aos 40 anos: entre a maternidade e o prazer

abrupta e desconcertante alguns anos depois de um parto vaginal ou logo após o nascimento e se mantém inalterado ou tende a se agravar com o passar do tempo. As mais afetadas são mulheres na faixa dos 30 aos 40 anos.

Trata-se de uma queixa solitária, embora possa acompanhar outras alterações independentes. Sua intensidade é classificada em três níveis:

leve: quando o ruído se manifesta ocasionalmente durante o coito;

discreto: surge em todos os coitos, em decorrência do esforço;

acentuado: quando se desenvolve com a movimentação normal, por exemplo, ao abrir e fechar as pernas ou simplesmente mudar de posição.

A correção do *garrulitas vulvar* é cirúrgica.

É difícil as mulheres se queixarem diretamente desse problema. O recato, o acanhamento e o pudor as impedem de abordar o tema, a menos que algum especialista em comportamento sexual as questione com todo o cuidado.

É uma situação embaraçosa, um quadro tragicômico, se lembrarmos que acontece em pleno ato sexual. Convém salientar que muitas pacientes com esse problema são adeptas ferrenhas da cultura física, com uma musculatura vaginal excelente.

Eventualmente, mulheres que fizeram cesariana ou nem chegaram a ter filhos podem apresentar esse sintoma quando assumem determinadas posições no ato sexual. Mas elas são exceções.

Por que nossas mães e avós não se queixavam? Porque morriam de vergonha, evitavam sexo após a menopausa, não tinham orgasmo e o ginecologista nem sequer abordava questões relativas à sexualidade durante as consultas. Hoje, essas queixas aparecem na clínica particular, no ambulatório da faculdade de medicina e até em revistas leigas às quais dou consultoria.

Mulher

Torno a afirmar: a mulher mudou. Libertar-se dos condicionamentos tanto físicos quanto sociais ou psicológicos é crescer, desenvolver, evoluir. A humanidade evolui quando o indivíduo se liberta das convenções e não se deixa destruir pelas reações adversas causadas pelo rompimento das regras impostas por contingências físicas, sociais ou psicológicas. É quando o indivíduo sai da chamada "normopatia" e se torna marginal. Ele se liberta e consegue se impor; a sociedade engloba e comporta.

Nós, médicos de mulher, precisamos refletir sobre os vários aspectos da saúde física e mental feminina para oferecer a ela um atendimento realmente moderno, pensando sempre a curto, médio e longo prazo. O que o médico dá a seu paciente é 100% de sua experiência não só como profissional, mas também como ser humano.

Natural ou *high tech*?

Durante o verão de 1975 fui estagiar em uma aldeia indígena, em Goiás, junto com outros acadêmicos de medicina, odontologia e enfermagem que participavam do Projeto Rondon. A experiência me marcou profundamente. Ali foi o único lugar em que presenciei a morte, de forma cruel, por complicações de parto.

É, querida leitora, parto de cócoras mata mais que cesariana.

É ilusão buscar poesia no primitivo.

Uma grande amiga de São Paulo, advogada que trabalha com erros médicos, garante que 50% dos processos contra médicos são da área de obstetrícia, isto é, referentes a problemas ou complicações do parto.

O parto natural, na maioria dos casos, é violento e cruel. É a natureza dando as cartas, alargando períneos, rasgando vaginas e às vezes comprometendo até o esfíncter anal. Isso sem esquecer todo o período de contrações.

Santo Agostinho disse que nascemos entre fezes e urina. Eu acrescento entre sangue e gritos de dor.

5. Dos 25 aos 40 anos: entre a maternidade e o prazer

O parto natural é um espetáculo de miséria estética. As maternidades modernas, com seus pré-natais, ultrassons, exames laboratoriais e anestesias, deixam o parto mais humano.

Hoje, técnica e cientificamente, o pré-parto, o parto e o pós-parto tornam-se experiências boas e até muito seguras.

Mas tente viver um trabalho de parto à moda primitiva. De cada cem gestantes, poucas se dão bem. A maioria vai querer ver espermatozoides pelo binóculo.

É curioso que pouco se cogita um retorno ao passado em outras áreas da medicina.

Se estou com vista cansada, vou a um oftalmologista e faço um par de óculos para poder ler e escrever.

Se meu dente já está desgastado pelo tempo, vou a um bom dentista e coloco um implante para mastigar melhor até a velhice.

Se minha tireoide está funcionando mal, reponho esses hormônios.

Então por que se duvida do que é moderno em ginecologia e obstetrícia?

A resposta é simples: porque se mistifica tudo o que pode tornar a mulher mais poderosa do que naturalmente ela já é.

Abra os olhos, minha querida leitora natureba, e ouça o que observei convivendo com pescadores do litoral catarinense.

Esses homens, tão próximos da vida primitiva da espécie na luta pela sobrevivência, aparentam 20 anos a mais do que têm. O sol e o mar os castigam tanto que muitos já têm problemas nos olhos. Enxergam mal devido à claridade do brilho do mar. E sabe o que os ajudaria a preservar a visão por muito mais tempo? Usar óculos escuros no seu dia a dia no mar. É um simples invento tecnológico.

Suas mulheres, que aos 15 anos já engravidaram e passaram a vida amamentando e parindo, cozinhando e lavando roupa na beira do rio ou no tanque, são exemplos reais de envelhecimento precoce, osteoporose, insuficiência urinária e queda do útero.

Tudo o que conseguimos em termos de qualidade de vida e longevidade foi brigando contra a natureza e usufruindo apenas o que ela

Mulher

pode nos proporcionar de bom, mas sempre lançando mão de tecnologias criadas pelo homem.

Ou vai me dizer que, durante seus passeios pelo campo, pelas praias ou montanhas, você dispensa um absorvente interno ou externo quando está menstruada? Porque nadar em rio que tem piranha em plena menstruação é morte certa.

Aliás, no filme *trash* americano *Piranha*, em que o lago de uma colônia de férias é invadido por piranhas após um terremoto, a matança começa justamente quando uma garota em uma boia redonda, com o genital dentro d'água, atrai o primeiro ataque por estar menstruada.

A tecnologia e a ciência trouxeram muito mais benefícios do que efeitos colaterais.

Mas é fundamental que as pacientes sejam bem examinadas e os tratamentos individuais, não massificados. Assim, com médicos bem treinados, poderemos contribuir bastante para a saúde da mulher do terceiro milênio.

O desumanizado parto humanizado

Em minha opinião, pouco importa o tipo de parto.

Dizem que para a mulher que teve parto vaginal é mais fácil desenvolver uma boa relação com o bebê. Mentira! Não há nenhuma evidência científica para sustentar essa mensagem. Nem na teoria, quanto mais na prática!

O tipo de parto não tem nenhuma relação com o apego da mãe à criança, como insistem alguns psicólogos. Um recém-nascido tem de ser aceito, e não se aceita com a vagina, mas com o coração. O momento do parto é só a passagem do fantástico para o concreto, e o tipo de parto não altera isso.

A adoção independe do tipo de parto. As mães adotivas são excelentes mães, elas engravidam como o homem: no coração. É o amor do

5. Dos 25 aos 40 anos: entre a maternidade e o prazer

útero *vs.* o amor do coração. Quando os dois amores estão em harmonia, temos mães maravilhosas. No entanto, isso nem sempre ocorre.

Precisamos destruir esses mitos, muitas vezes criados até pelo profissional de saúde. As grávidas, frágeis pela sua própria condição, absorvem essas mensagens medíocres e se enchem de culpa quando não correspondem. Muita mãe de cesariana ganha, de longe, da mãe de parto vaginal, em matéria de competência.

Associar o tipo de parto à capacidade e competência para estabelecer o vínculo afetivo com o filho é reduzir a grandiosidade do amor. É mais uma forma de catequizar, domesticar e alienar o amor materno.

O parto "desumanizado" transmite a mensagem de que o parto vaginal é mais completo, mais natural, dá uma sensação melhor ao filho que nasce em graus crescentes e se adapta melhor ao ambiente. Só não se fala que muitos partos vaginais terminam com o uso de fórceps.

Dizem que as gestantes, nas cesarianas, entregam-se passivamente nas mãos dos médicos, enquanto no parto vaginal elas se submetem à natureza.

O que seria, então, mais selvagem: o médico ou a natureza?

Liberdade é liberdade de opção. Se eu não posso me submeter, sou escravo da insubmissão.

Só gostaria de lembrar que a obstetrícia moderna reduziu significativamente os índices de mortes fetal e materna. Mas ainda resta uma selvageria: o uso do fórceps, que pega, roda e puxa o bebê pela cabeça para facilitar o parto. Mesmo em mãos habilidosas, esse instrumento pode ser perigoso.

Na cesárea, como a criança não passa pelo canal de parto, dizem que ela nasce rápido demais e associam esse tempo reduzido a prejuízos na formação de vínculo com o filho. Essa mensagem deixa na gestante a sensação de que ela falhou como mulher.

Para piorar, há sempre uma visita que comenta: "Cesárea, é? Hum, que pena! Quem sabe no próximo você consegue um parto normal".

Mulher

O pós-operatório também não tem a menor ligação com o tipo de parto. O que conta realmente é o estado de espírito da nova mãe: se ela estiver infeliz, a recuperação será mais difícil, independentemente do tipo de parto. Há mulheres que conseguem andar bem já no segundo dia após a cesariana.

O nascimento da mãe é o mais importante, pois o que vale é o todo. Cada caso é um caso.

O que eu chamo de desumanizar o parto humanizado é essa mensagem obstétrica e da mídia: nega-se o indivíduo e se estabelece um ideal a ser atingido. Mensagem massificante, estereotipada, desumana e alienante. Por isso, cria muitos problemas.

Essa mensagem massificante e preconceituosa é a mesma veiculada na década de 1970, quando o alvo era o orgasmo feminino: em qualquer relação e a qualquer custo a mulher tinha de atingir o orgasmo. Outra forma de manipulação.

O médico e a paciente devem buscar as reais possibilidades da mulher.

Não há dúvida de que o tamanho da frustração é diretamente proporcional à distância entre o idealizado e as reais possibilidades. O ideal corrompe.

Faça o que eu digo, não o que eu faço

Nas diversas conferências que tenho proferido ao longo desses anos, sempre faço uma avaliação rápida e muito simples:

— Por favor, quantos obstetras casados e com filhos há nesta sala?

Vamos supor que cem pessoas levantem a mão.

A pergunta seguinte é:

— Quantas, se forem mulheres, e quantas esposas de médicos deram à luz por parto vaginal?

A média é sete ou oito, isto é, menos de 10%.

5. Dos 25 aos 40 anos: entre a maternidade e o prazer

Dicas para um parto saudável

* Se um hospital deixar a futura mãe mais segura, é aí que ela estará bem.

* Se a gestante desejar um parto vaginal por um referencial pessoal, e não por modismo, nós, médicos, devemos estimulá-la a tentar esse tipo de parto.

* Se for uma índia que passou a vida toda no mato, parindo de cócoras, é no seu *habitat* que ela se sentirá bem e na posição a que estiver acostumada.

* Se for uma mulher moderna, que não consegue se equilibrar de cócoras nem o tempo suficiente para fazer xixi, essa posição não é a ideal.

* Se uma tia idosa der mais segurança, é ela quem deverá estar ao lado da gestante no parto.

* Se a presença do marido ou de quem quer que seja a fizer sentir-se desconfortável, ele não deverá estar presente.

* Se combinar uma cesárea com o médico durante o pré--natal deixá-la mais tranquila, esse é o caminho. Cabe ao obstetra aguardar o momento do trabalho de parto para realizar a cirurgia.

* Se amamentar parecer-lhe ameaçador, a gestante não deve ser incentivada a fazer isso.

Mulher

Agora, eu questiono: por que nas médicas obstetras ou nas esposas desses médicos o índice de cesárea é tão alto? Será que é porque o ganho financeiro é maior? Não, porque o parto não costuma ser cobrado. Será porque eles têm pressa? É difícil acreditar nessa hipótese. Será por falta de competência para fazer um parto vaginal?

Será por medo de correr riscos e arriscar o filho de um colega? Pode ser! Porque, sem dúvida, nesses casos o cuidado é dobrado.

Mas, se tentamos dar o melhor de nós e a assistência mais adequada aos colegas, por que acabamos optando pela cesárea?

E as filhas de obstetras? Quando o pai é um médico experiente, gato escaldado com 30 anos de janela, por que acaba preferindo a cesárea? Dá para imaginar que ele queira o pior para a própria filha e seus netos?

Devemos refletir com muito critério e bom-senso antes de responder a essas perguntas.

Amigos parteiros, por favor, não fiquem chateados. São só perguntas. E perguntar não ofende.

O que dita a biologia

Há uma teoria relacionada ao parto segundo a qual, quanto mais nervosa estiver a futura mãe, mais tempo levará para dar à luz, com mais dificuldades no parto e mais riscos para o bebê. Quando ela está calma e relaxada, ocorre justamente o oposto. Há um bom motivo para isso acontecer.

Veja: ao dar à luz, a fêmea animal torna-se vulnerável. Os predadores podem atacá-la nesse momento e, nessas condições, ela não terá a mínima possibilidade de fugir.

Por isso, para a maioria dos mamíferos superiores, é fundamental que a fêmea só dê à luz quando sentir-se totalmente segura. Pressentindo o perigo, seu corpo é inundado por substâncias químicas que imediatamente travam o processo de nascimento. Em algumas espécies,

5. Dos 25 aos 40 anos: entre a maternidade e o prazer

o momento do parto pode ser adiado por várias horas ou até por vários dias, caso a fêmea não se sinta à vontade.

Vocês podem retrucar:

— Lá vem o Malcolm nos comparando com bichos novamente.

— Esse sistema não tem hoje qualquer significado para as fêmeas humanas.

— Não existem mais lobos e leões para atacar as mulheres.

Pois eu garanto que esses lobos e leões estão na "vida mental" de muitas gestantes e representam mais perigo do que os animais de carne e osso. As fantasias de risco de morte durante o parto são tão reais para as mulheres de hoje quanto para as que viveram séculos atrás. E podem estar certos de que o nosso instinto ainda prevalece sobre o racional em situações de perigo real ou fantástico.

O parto vaginal, a cesárea, a histerectomia e a mastectomia (retirada da mama) podem ser simples para nós, médicos, que operamos quase todos os dias, mas, para a paciente, têm outra dimensão. O psiquismo não acompanha as modificações sociais, técnicas e científicas na velocidade em que elas se processam. O condicionamento é mais forte do que a cognição na determinação do medo.

Uma grávida desorganizada e frágil apresenta distúrbios de percepção e de pensamento. Medo é medo, seja na Idade Média, seja na década de 1990, seja no século XXI.

Cada mulher tem uma história, com experiências diferentes e anseios únicos. Não faz sentido massificar condutas. Não há nenhuma regra a ser seguida, exceto "o maior conforto e segurança da mãe e a criança nascer bem". Assim, estamos facilitando o vínculo com o filho e poupando sofrimento desnecessário à mulher.

Deixem a grávida em paz!

Embora muito especial, a gravidez é um período de vulnerabilidade da mulher. E é justamente nessa fase que as pessoas se intrometem,

Mulher

ditando regras ou dando palpites. Crise é uma chance para o crescimento ou a deterioração, dependendo de como lidamos com ela e também de quem lida conosco nesse período. O efeito da crise é acumulativo.

Infelizmente, o que vejo é um trabalho — muito bem-feito — de lavagem cerebral nas gestantes. Para cuidar do filho é preciso pós-graduação em puericultura: "Imagine que uma mulher comum é capaz de cuidar de uma criança e educá-la sem ajuda!".

O que existe, no fundo, é um estado de inveja profunda, diária, constante, em relação à gestante. É isso que fica patente quando ouvimos:

— Você engravidou! Acabou o seu sono, suas noites serão horríveis!

— Seu corpo? Pode esquecer! Seus peitos vão despencar. Em vez de sutiã, você vai usar cartucheira!

— Se engordar mais do que sete quilos, vai virar uma baleia para o resto da vida.

— Você está muito magra. Vai nascer um ratinho!

— Que sexo, nada. O tesão vai embora e o casamento vira um inferno.

Isso sem falar nos conselhos: o curso de preparação para o parto tem de ser no hospital X, é preciso comprar o *kit* mãe 2011 à venda em Miami, tem de amamentar, senão a criança fica doente. E por aí vai. Não faltam informações absurdas.

Tempos atrás, uma gestante me perguntou se o marido poderia acariciar sua barriga.

— Por que não? — indaguei.

— A obstetriz Y da maternidade X disse que isso poderia desencadear contrações.

Não hesitei: — É melhor você não ensaboar a barriga durante o banho, ou ele poderá nascer no chuveiro.

Será que não se pode fazer um simples pré-natal hoje em dia? Passo metade das consultas desatando nós, tentando aliviar as informações conflitantes que as gestantes recebem e absorvem.

Existem médicos que nem as escutam. "Não se preocupe, tem uma

5. Dos 25 aos 40 anos: entre a maternidade e o prazer

pílula que resolve tudo", dizem alguns. "Fazemos um parto Leboyer e o bebê nasce sorrindo", garantem outros.

Dezenas de pessoas contribuem para alienar as gestantes.

Não existe uma mãe modelo, como dizem por aí. Há sempre um padrão do tipo "ou isso ou aquilo", quando, na prática, o que vemos é que um corpo pesado pode ser leve e vice-versa.

Por favor, deixem as gestantes e seus bebês se conhecerem e se relacionarem com o coração, e não com a razão. Deixem-nas em paz para viverem a experiência maravilhosa e perturbadora da maternidade. Se a mulher for livre para cuidar, com seus próprios recursos, de si mesma e de seu filho, ela será livre para viver.

Os desafios do pós-parto

O pós-parto faz a ponte entre a criança que existe na vida mental e a criança concreta. É uma fase de grandes transformações, como as cantadas pelos negros americanos em seus *blues*. Por isso esse termo empresta o nome à tristeza que acomete a nova mãe nas primeiras semanas de vida da criança.

O pós-parto é denominado *blue puerperal* porque acontece com a mulher o que ocorria com os negros saídos da África. Eles choravam pela perda de sua terra natal, de suas raízes em meio aos sonhos e esperanças da terra nova; a mulher, por perder uma certa irresponsabilidade da infância e ter de assumir a experiência nova da maternidade.

A principal adaptação que ocorre no pós-parto é na adequação de filha para mãe.

No segundo filho acontece, também. Cada filho modifica o afeto. Se a primeira experiência foi boa, a segunda pode ser facilitada; se foi ruim, a segunda será dificultada. Quantos filhos permaneceram únicos por um trauma na primeira gravidez, no parto ou pós-parto?

Em relação ao corpo, há uma alteração violenta na imagem corporal e na autoimagem. A reelaboração do corpo durante a gravidez

Mulher

acontece gradativamente. No pós-parto é um choque: a criança nasce, a barriga some, esvazia; os tecidos tornam-se flácidos e desorganizados; a vagina sangra; cortes, sempre há, no abdômen ou no períneo; a mama túrgida, com eventuais fissuras, pode provocar dor.

É uma mudança muito drástica em um período de tempo curto. Essa mulher precisa de ajuda. Quem pode fazer isso? Quem fez o pré-natal.

O pós-natal deveria ser ainda responsabilidade do obstetra. É bem provável que nessa época a depressão pós-parto esteja rondando, então ajudá-la a reorganizar seu corpo e sua vida é responsabilidade do obstetra.

A prevenção começa no pré-natal e se completa no pós-parto, quando o médico ouve suas dificuldades com o bebê, na retomada de sua vida sexual e no retorno ao trabalho.

O médico não deve deixá-la esquecer-se de que é mulher, nem permitir que o bebê a escravize. Sempre escrevo na receita: saia uma vez por semana para namorar o seu marido e deixe a criança com alguém. Isso é tão importante quanto antibióticos e vitaminas: fazer alguma coisa sem o bebê. E voltar reenergizada para ele.

A depressão pode vir mascarada sob várias formas. Não é, portanto, somente melancolia e tristeza. Pode surgir como obsessão (não deixar ninguém pegar o bebê), mania (excesso de assepsia na limpeza da casa ou higiene do bebê) e persecutoriedade (sensação de perseguição, como se alguém fosse roubar o bebê).

As depressões podem aparecer logo após o parto, seis meses depois ou no intervalo de dois anos.

Reorganizando a vida sexual

A amamentação gera desconfortos, e a condição hormonal pode culminar em fenômenos depressivos. Sangramentos e cicatrizes, muitas vezes, ocasionam dores no reinício da vida sexual, e a vagina pode estar mais ressecada em virtude das alterações hormonais.

5. Dos 25 aos 40 anos: entre a maternidade e o prazer

No pós-parto, mais uma vez, é fundamental o apoio do companheiro. É preciso que ele enalteça a mulher como ser social; que seja afetivo, mesmo não tendo relações sexuais; que valorize o corpo da parceira.

A participação do homem é tão importante que me arrisco a afirmar — as feministas que me perdoem! —: produção independente é o maior barco furado do mundo. Afinal, sobram todas as responsabilidades para a mulher.

Para que a mulher possa reorganizar sua vida social, voltar a trabalhar, fazer ginástica, sair e retomar seus afazeres, algumas providências são necessárias: babás e berçários ou creches.

Para a volta à vida sexual é preciso anticoncepcional adequado, como a pílula de baixa dosagem, o DIU, implantes hormonais ou até a camisinha, para evitar uma gravidez indesejada. Durante a amamentação, diminui-se a possibilidade de gravidez, mas ela existe. A mulher precisa ser muito bem orientada nesse sentido.

A amamentação é cercada de mitos, e "não ficar grávida" é um deles. Por isso, o ginecologista deve estar presente no pós-parto, e assim facilitar as coisas para a nova mãe.

"Dar à luz por parto vaginal", "amamentar durante seis meses" — as mulheres que cumprem essas expectativas recebem uma espécie de atestado de boa mãe. Pobres das outras!

É verdade que o leite materno tem muitas vantagens em relação ao de vaca: é mais adequado às necessidades humanas e não precisa ser fervido. Há casos de mães de classe alta que mal pegam o bebê no colo, tudo é responsabilidade da babá. Só encaixam a criança no seio na hora de sugar. Não existe ligação afetiva, não se cria vínculo. Nesse caso, de que adianta amamentar?

Os pediatras mais modernos dizem: "Se puder, ótimo. Se não puder, tudo bem". Forçar uma mulher a amamentar é dificultar a formação de um bom vínculo e do apego ao bebê.

O que não pode é a mulher sentir-se um fracasso como mãe por não ter conseguido amamentar. Há casos de mães que passam a noite inteira com a criança colada ao seio, chorando de fome, e insistindo para

Mulher

que ela mame no peito quando não há leite. Acaba sendo extremamente desgastante para mãe e filho.

Quem faz isso? A mídia, que educa ou deseduca, e a medicina conservadora, que massifica e não individualiza.

Fechando uma
porta definitivamente

Um dos procedimentos mais comuns no nosso país é a laqueadura de trompas — a esterilização da mulher.

Asseguro que esse procedimento não é inócuo física e psicologicamente, o que também se reflete no comportamento social. E, o que é pior, a laqueadura é realizada durante o parto e decidida na gravidez.

O estado gestacional desorganiza e fragiliza. Esse é o pior momento da vida para decidir uma esterilização. Nem a mulher nem o homem conseguem passar pela experiência da gravidez livres de instabilidades no seu processo racional.

Decidem, sim, movidos pela emoção e por sentimentos e projeções do momento. Assim, o arrependimento é comum.

Tanto em clínicas particulares quanto no ambulatório da Faculdade de Medicina do ABC, onde atendi tempos atrás, é muito alto o índice de pessoas que se arrependem por terem feito vasectomia e laqueadura. Isso acontece porque é muito diferente não querer ter filhos de não poder ter filhos.

As sequelas também podem ser físicas quando essa cirurgia compromete a circulação do ovário. Existem DIUs, implantes hormonais e ótimas pílulas anticoncepcionais, por isso é preciso refletir muito bem acerca da esterilização.

"Dessa água não beberei" é uma afirmação perigosa. Então, minhas caras leitoras, independentemente da idade e do número de filhos, evitem esse procedimento. Procurem dar preferência, hoje, aos excelentes métodos não definitivos.

5. Dos 25 aos 40 anos: entre a maternidade e o prazer

O drama da infertilidade

Para os animais, gravidez significa reprodução da espécie; para a espécie humana, a gravidez é um aceno com força de futuro. Um rico painel de possibilidades é aberto e o amoroso é o mais comum.

Quando a mulher se esquece de tomar a pílula anticoncepcional e engravida, algo a empurra em direção à maternidade. O homem também tem noção de anticoncepção, conhece as complicações decorrentes de uma gravidez fora de hora, mas nada faz para evitar.

Lembro-me de um amigo pós-graduado em medicina que engravidou pelo menos duas vezes cada namorada. Foram dois abortos por namorada. Aos 30 anos, quando se casou, dizíamos que ele nem precisava contratar cantores para a cerimônia, pois já tinha formado um coral de anjos. Ao fazer terapia, ele descobriu que isso acontecia por necessidade de autoafirmação: fazia questão disso para sentir-se o "todo-poderoso".

Há homens que vivenciam um grande mal-estar por serem estéreis, mesmo sendo competentes e bonitos!

Infelizmente, ainda hoje, quando o casal não consegue a gravidez, é a mulher quem procura o médico achando que a culpa é dela. Dificilmente o marido participa. Só que a causa, muitas vezes, diz respeito a ambos: em 40% dos casos, a responsabilidade é da mulher, em outros 40% do homem, e nos 20% restantes a origem da infertilidade é dos dois.

O marido de uma paciente minha precisou submeter-se ao teste de aids para ser admitido em um emprego novo. Com tranquilidade, ele aguardou dois dias até o resultado ficar pronto. No entanto, quando decidiu fazer um espermograma, passou duas noites sem pregar o olho: andava pela casa feito um zumbi.

O sexo masculino é extremamente vulnerável nesse aspecto. Para ele, por exemplo, aceitar a infertilidade é como acreditar na sua impotência.

É uma ferida narcísica muito profunda, por isso, em um caso de adoção, o fato é bem mais complicado para o homem do que para a mulher.

Mulher

Porém, nessa área de infertilidade muita coisa escapa ao controle do médico. Há casos em que tudo caminha para dar certo e no fim dá errado. A técnica não alcança muitas situações. E, às vezes, mesmo com tudo contra, a mulher engravida.

Certa vez, um casal me procurou no consultório sem as mínimas condições de gravidez. Ele era paraplégico e não tinha ejaculação, apenas ereção. Ambos se relacionavam sexualmente de algum modo e estavam bem em termos afetivos.

Interessante como os casais estabelecem pactos inconscientes. É comum as neuroses serem complementares.

Normalmente, uma mulher em conflito, com dificuldade para aceitar a maternidade, casa-se com alguém que fez vasectomia ou que é estéril porque no fundo ela teme engravidar. Só que é difícil assumir isso. Era o caso dessa moça. Obviamente, esse processo é inconsciente.

Algum tempo depois da consulta, surgiu um aparelhinho que, ao ser introduzido no pênis, estimula a glande e a vesícula seminal. Esse homem usou o aparelho e obteve sucesso: começou a ejacular. A princípio, seus espermatozoides não eram de boa qualidade; depois, começaram a aparecer espermas móveis que poderiam fecundar.

Diante da possibilidade da gravidez, sua mulher, que até então tivera ciclo regular e nenhum problema genital, começou a apresentar ciclos irregulares. Formou-se um cisto no ovário, e ela teve de tomar anticoncepcional durante seis meses para regular o ciclo. Durante esse período, com muito bate-papo e terapia, ela teve tempo para assimilar a ideia da maternidade.

Foi sugerido, então, que um dia, durante a relação sexual, ele pegasse um pouco do sêmen ejaculado e colocasse com os dedos na vagina dela. As chances de engravidar eram mínimas, mas não havia mal nenhum em tentar. E aconteceu. Ela engravidou graças a essa "inseminação caseira". Essa história está no meu livro *O novo pai*, com depoimentos do pai.

5. Dos 25 aos 40 anos: entre a maternidade e o prazer

Fertilização assistida

Em caso de infertilidade, é preciso levar em conta muitos fatores que dizem respeito ao casal. A sequência costuma ser esta: coito programado, controle por meio de exames da data provável da ovulação e estimulação da ovulação para que mais de um óvulo seja produzido, aumentando as chances de sucesso. Depois, pode-se passar para a inseminação artificial, seguida do bebê de proveta (fertilização *in vitro*). O método mais atual, conhecido por ICS, ou micromanipulação de gametas, consiste em injetar um espermatozoide no citoplasma do óvulo.

Apesar de tantos avanços, a infertilidade ainda é um campo nebuloso. Mesmo com técnicas modernas, a chance de gravidez é pequena, pois está associada à idade. É diferente começar aos 30 e aos 39 anos. A partir dos 35 anos, a fertilidade cai e o ritmo se acelera vertiginosamente após os 40 anos.

Para evitar que a menopausa precoce pegue você de surpresa, é fundamental conhecer em que idade sua mãe e avó materna pararam de menstruar.

O tratamento da infertilidade gera um desgaste muito grande em decorrência da expectativa do casal, que é enorme, e da imensa pressão social por um filho. Tantas exigências tornam o sexo um horror. Acaba a poesia.

Muitas vezes, a ferida narcísica fica exposta. Então, quando o casal vê crianças ou mulher grávida, surge a inveja ou a tristeza. É inevitável!

Muitas vezes, a própria inveja acaba impedindo a gravidez. Daí a importância de procurar um psicólogo para não transformar o desejo de gravidez em uma busca neurótica e compulsiva.

Por vezes, o casal adota uma criança e a mulher engravida enquanto exerce a maternidade, provocando um relaxamento psicossomático que permite uma gravidez. Exercitando, por meio de uma adoção, os papéis de pai e mãe, atenua-se o conflito associado à maternidade.

Mulher

A escolha de Sofia

Hoje, o procedimento mais usado para casais inférteis com idade avançada (mulher acima dos 40 anos) e que precisam apressar a gravidez é a fertilização *in vitro*, o popular "bebê de proveta".

Para realizá-la, induz-se uma ovulação múltipla na mulher por meio de medicamentos e em seguida "colhem-se" os óvulos. No dia da fertilização, o futuro papai tem de olhar para um tubo de ensaio, encher--se de entusiasmo, masturbar-se e expelir o próprio sêmen. A seguir, acrescenta-se um aditivo que deixa os espermatozoides mais vitalizados. Então, promove-se o encontro!

Feita a fecundação no laboratório, escolhem-se os melhores embriões, que são transferidos para o útero materno. Como em medicina dois mais dois nem sempre somam quatro, em qualquer lugar do mundo, a taxa de insucesso, ou seja, o número de casos em que a gravidez não acontece, frustrando o sonho do nascimento de uma linda criança, é de mais ou menos 70%. Por isso, os especialistas costumam transferir pelo menos quatro embriões de uma só vez, para aumentar a probabilidade de ocorrer a gravidez.

Mas há muitos profissionais competentes lutando para mudar essa realidade. É o caso do ginecologista e obstetra Caio Parente Barbosa. Dedicado ao extremo, ele sacrifica fins de semana colhendo óvulos e espermatozoides para facilitar essa lírica fusão. Caio participa de um programa que viabiliza tratamentos de reprodução assistida a baixo custo. Compartilhamos vários cafés discutindo alta tecnologia científica...

O que mais incomoda nesse tipo de trabalho é o conflito na hora de decidir a respeito do número de embriões a serem transferidos para a cavidade do útero. O Conselho Federal de Medicina estabeleceu que: mulheres de até 35 anos podem implantar no máximo dois embriões; mulheres de 36 a 39 anos, até três embriões; e acima de 40 anos, quatro embriões. Continua proibido o uso de procedimentos que visem à redução embrionária e de técnicas que intencionem selecionar sexo ou

5. Dos 25 aos 40 anos: entre a maternidade e o prazer

qualquer característica biológica do futuro bebê. É permitido congelar material biológico.

Para um embrião, há 75% de chance de uma implantação bem-sucedida, número que cai para 20% no caso de dois embriões, diminuindo ainda mais quando se trata de embriões múltiplos (3% a 5%). Quando o útero acomoda dois ou mais embriões, tudo pode acontecer. Afinal, transferem-se quatro ou dois? Quem sabe um embrião já será suficiente? Reduz-se essa quantidade ou não?

Trata-se de um verdadeiro enigma da natureza. Como compete ao casal decidir, temos chamado esse momento de "a escolha de Sofia", relembrando o filme. De fato, é uma decisão muito difícil e solitária. No labirinto da gênese tecnológica, nem a intuição feminina nem a racional matemática masculina conseguem decifrar o mapa que indica a saída.

É muito difícil encontrar um casal que consiga viver esses procedimentos com harmonia. Às vezes, perguntamo-nos qual é o significado de um filho para os casais que nos procuram. Puro romantismo? Querem porque querem? Dois bebês querendo ganhar mais um a qualquer custo? Desejam um filho para deixar de serem filhos?

Lembro-me de um casal em que o homem era estéril. Por isso, procurou o sêmen de um doador com o tipo físico o mais semelhante possível ao do futuro papai. Curiosamente, a criança nasceu com pele morena e olhos castanhos, muito parecida com o maridão, mas, acredite se puder, a mãe entrou em depressão porque havia fantasiado que seu filho seria claro e de olhos azuis!

Atitude infantil, não acha? Um bebê descontente com outro bebê. Conflito de berçário! Isso sem falar nos problemas gerados pelas chamadas produções independentes. É cada vez mais comum atender casais homossexuais interessados em encontrar um doador de sêmen; muitos já se antecipam e levam o seu "escolhido" ao consultório.

Certamente, setores conservadores da Igreja Católica e de outras religiões entrariam em convulsão se fossem obrigados a visitar, por um único dia, uma clínica de reprodução humana.

Mulher

O importante é lembrar que a medicina evoluiu muito, e que as equipes estão bem preparadas para prestar assessoria às pessoas que optam pela fertilização assistida, tanto física quanto psicologicamente.

É muito gratificante o resultado desse trabalho! Crianças trazidas ao mundo pelas mãos jardineiras de um semeador da vida... Em terreno fértil, um bom jardineiro cultiva flores maravilhosas... Brilha mais o que for mais brilhante aos seus olhos...

Wolber de Alvarenga define o que é essencial para essas crianças: "Criei meus filhos com amor, arroz, feijão e carne. E muita poesia".

Esses laboratórios são manipulados com técnica, ciência e alguns, também, com muita poesia.

A alternativa da adoção

Para aceitar a adoção, no entanto, ambos precisam amadurecer. Homens imaturos não admitem essa possibilidade.

O processo de adoção é uma gravidez emocional que geralmente se inicia baseado em duplo fracasso: de um lado o fracasso do casal em não conseguir ter seu filho biológico; e, de outro, o fracasso da tecnologia médica, que não conseguiu solucionar o problema.

Ambos terão de reformular o conceito de suas próprias vidas. A fantasia onipotente de permanecer *ad eternum* nesse mundo por meio de seus filhos consanguíneos naufraga.

A capacidade de aceitar a dura realidade e a rapidez em se adequar a essa realidade é que indicarão o grau de maturidade do casal para adotar uma criança.

O primeiro impulso é querer logo adotar um bebê a fim de sanar uma deficiência pessoal. Não há nada mais lamentável do que essa atitude, pois essa criança sempre será o símbolo do fracasso e, portanto, motivo de repúdio, e não de aceitação. É necessário um tempo para pensar, um tempo para se modificar e aceitar uma nova identidade.

O casal que adota tem de estar muito forte e unido para aguentar

5. Dos 25 aos 40 anos: entre a maternidade e o prazer

as várias reações das pessoas mais próximas. O gesto expõe publicamente suas limitações. Uma adoção madura precisa ser, obrigatoriamente, produto da sublimação, que nada mais é do que uma satisfação parcial baseada no amor ao próximo, a capacidade de transferir afeto e encontrar novas satisfações.

O que nos prejudica, na maioria das vezes, não são os fatos, mas a nossa falta de humildade para aceitá-los. E para ser humilde é preciso ser ativo, capaz de entender os defeitos e as fraquezas de si mesmo e dos outros, aceitar as perdas e não ter medo de se entregar.

Dicas para evitar problemas de fertilidade

- Se você tem 35 anos e ainda não planejou a maternidade, procure um especialista em reprodução humana e discuta a possibilidade de congelar e guardar óvulos. É uma maneira interessante de ter filhos mais tarde.

- Caso possua antecedente de falência ovariana e menopausa precoce na família (mãe e irmãs), pense em engravidar mais cedo.

- Ao tentar a gravidez, não fique controlando o período fértil. Isso não aumenta as taxas de gestação e causa um estresse enorme no casal, que passa a ter relações sexuais por obrigação. Se vocês fizerem sexo duas vezes por semana, inevitavelmente acabarão acertando o período fértil.

- Ouviu dizer que mulheres com ovário policístico e endometriose não engravidam espontaneamente? Isso não é verdade. Se você for portadora dessas doenças, não arrisque, a menos que deseje ter um filho.

Mulher

- Peso exagerado e magreza excessiva atrapalham a fertilidade – IMC (peso dividido pela altura elevada ao quadrado) maior de 35 e menor de 18.

- A ingestão de frutas e legumes vermelhos aumenta a fertilidade em homens, além de ajudar ambos os sexos a manterem um peso saudável.

- A utilização de *laptops* no colo diminui a fertilidade nos homens em decorrência do aumento da temperatura nos testículos. Da mesma forma, obesidade, diabetes, tabagismo, maconha e ciclismo podem trazer problemas. Avise seu companheiro.

6. O poder feminino e suas faces mais sombrias

Mirem-se no exemplo daquelas
mulheres de Atenas
Vivem pros seus maridos, orgulho
e raça de Atenas
Quando amadas, se perfumam
Se banham com leite, se arrumam
Suas melenas
Quando fustigadas não choram
Se ajoelham, pedem, imploram
Mais duras penas Cadenas

"Mulheres de Atenas",
Chico Buarque e Augusto Boal

Será mesmo que essa mulher passiva, submissa, sofrida e sacrificada, retratada na música "Mulheres de Atenas", não exerce, de fato, nenhum poder? Nem sequer nos "bastidores"?

Não consigo ver um mundo de opressão masculina pura. Vejo um mundo de opressão de homens criados, organizados e preparados por essas mulheres, que ainda hoje, na sua maioria, continuam buscando um patrocinador para sobreviver.

A força manipuladora e ardilosa dessa mulher sedutora é incomensurável.

Mulher

Domínio sexual

Joãozinho e Mariazinha conversavam quando ele disse para ela:

— Você não tem o que eu tenho aqui — e apontou o pintinho.

Mariazinha respondeu rapidamente, apontando a periquita:

— Com o que eu tenho aqui, consigo quantos eu quiser desse aí e na hora em que eu quiser.

Essa inocente narrativa popular aborda uma realidade milenar. A história da humanidade, em minha opinião, foi sempre uma eterna e cotidiana luta entre a força da sedução feminina e a tentativa masculina de dominar esse poder. Insegurança, desamparo, fragilidade e medo acompanham o homem desde as cavernas.

> O machismo nada mais é do que
> a expressão da insegurança masculina.

O temor ao poder sexual da mulher foi sempre tão intenso que o homem desviou sua adoração da deusa Terra para os deuses do Olimpo. Atenas foi a sua sede. A última cultura ocidental a adorar os poderes femininos foi a Creta Minoica.

O judaísmo, matriz do cristianismo, é o mais poderoso protesto contra a natureza feminina. O culto ao céu, ao racional e ao autoritário Deus cristão relegou ao reino inferior o culto à terra, à natureza, ao amor e à mulher.

O ventre da mulher e a magia da reprodução, o fluxo menstrual e a amamentação, o enigmático canal vaginal e sua força de atração — aquele buraco que expulsou o homem do Paraíso e volta e meia quer devorá-lo —, tudo isso foi rebaixado. O homem cultuava e temia esse ser estranho.

Não havia outra forma de lidar com essa angústia masculina a não ser fugir da natureza, enfrentá-la e dominá-la do genital ao intelectual, da terra ao céu, da natureza à cultura. E, assim, os deuses gregos passaram a subjugar a força e o poder sexual de suas "deusas inferiores".

6. O poder feminino e suas faces mais sombrias

Entre o prazer e a dor

A ciência está muito longe de desenredar o intricado sistema hormonal feminino, que, por sua vez, permanece entrelaçado à sexualidade e às emoções femininas.

As mulheres convivem com a imprevisibilidade em muitos setores devido às oscilações hormonais. A reprodução e o sexo continuam sendo um desafio à nossa compreensão.

Às vezes, surpreendo-me refletindo por que ainda hoje tantas mulheres se submetem a tantos horrores.

— Doutor, tenho relação sexual mesmo sem vontade, senão ele arruma outra.

— Quero um filho homem para agradá-lo. Já tive quatro meninas, mas ainda vou tentar um menino.

— Odeio sexo anal, mas faço, apesar da dor, porque ele gosta.

— Quase morri durante um aborto. Até hoje sonho com aquele bebê. Mas ele me obrigou a tirar.

— Ele vive fora de casa, viajando. Desconfio que tem outra. Mas, quando ele volta, eu aceito.

— Fui violentada pelo meu namorado.

— Sofro assédio sexual do meu diretor. Não sei o que fazer. Não posso perder o emprego.

As políticas de saúde, os direitos sexuais e os direitos reprodutivos ainda são pouco respeitados devido a uma questão básica: educação.

Muitos tabus ainda sobrevivem.

Não existe a mulher. Existem a mulher de burca, a *strip-teaser*, a mulher com clitóris extirpado. Existem a freira e a madre superiora, a perua e a modelo anoréxica, Eva e Virgem Maria. A bela, a bruxa, a histérica, a obsessiva, a deprimida, a masoquista que apanha sem reclamar.

Mulher

O que nós, homens, nunca alcançaremos é a compreensão da diferença, deste mistério que é a mulher.

Entramos no corpo feminino em triunfo e saímos em decadência. O pênis ingressa naquela caverna escura bombado e volta anoréxico. Numa analogia psicanalítica, ele entra em "surto psicótico" e sai "maníaco depressivo".

Há alguns seres que tentam sentir, investigar e chegar perto: os gays, os travestis mergulham nesse mar e voltam com a "mão cheia" de mais dúvidas e mistérios, pois nunca saberão o que é aquele ser com o genital escondido e que nas tentações hormonais migra da euforia para a melancolia em questão de minutos. Por mais que se retaliem em cirurgias, jamais sentirão a dor do parto.

Que alimento nutre essas mulheres em suas queixas ginecológicas e sexuais? Será que para liberar o prazer é preciso, antes, liberar o sofrimento? Será o tão falado masoquismo feminino?

E, quando convido os companheiros, esses autoritários machões, a virem ao consultório com elas, encontro outro cenário: vejo homens inseguros e assustados diante de suas mulheres. Esses maridos, na maioria, são péssimos amantes e, durante toda a vida, sofrem de ansiedade sexual.

A fragilidade do forte

Na adolescência, os homens descobrem, assustados, que quem detém a força e o poder de atração são elas.

Nas festinhas, eles precisam tomar um pileque, fumar, falar besteiras ou dançar muito bem para chamar a atenção das gatinhas. Já as garotas, com um simples vestidinho curto, um decote e alguns trejeitos, atraem 20 machos sem fazer o mínimo esforço. Triste e doce realidade!

Insegurança e medo são sentimentos comuns nos rapazes que estão iniciando a vida sexual. Em vez de prazeroso, o ato sexual torna-se ameaçador, e o resultado são a ejaculação precoce e a impotência.

6. O poder feminino e suas faces mais sombrias

Com o tempo e o exercício do sexo, eles aprendem que após o orgasmo morrem durante um tempo, enquanto elas continuam acesas. Estar acesa não significa insatisfação, porém essa é a sensação ou impressão masculina. O chamado período refratário é parte da natureza dos machos. Já as fêmeas da nossa espécie fazem a vigília daquele que dorme. Isso é feminino.

Nós, homens, passamos a vida inteira tentando provar alguma coisa, e a maioria, quando chega lá pelos 50, 60 anos, sofre de hipertensão, diabetes e distúrbios na próstata ou, até, abusa do álcool.

Pagamos prostitutas para que nos deem uma trégua. Deixamos nos enganarem com elogios e gemidos cênicos. Elas nos desprezam, mas pagando podemos "até falhar".

Nós, homens, somos tão óbvios e objetivos quanto uma ereção.

Elas são complexas, misteriosas e subjetivas como a natureza e a arte.

Nós, homens, somos o que as mulheres fizeram de nós.

Para superar a insegurança, um grande número de rapazes está se ancorando em uma droga legítima, o Viagra. Magicamente, o eunuco se transforma em garanhão. Ereção plena durante duas horas ou mais. Porém, como qualquer droga, essa também tem sérios efeitos colaterais quando não indicada por um médico.

É preciso reconhecer, contudo, que o Viagra e primos próximos trouxeram um pouco de alento também àquelas mulheres cujos parceiros necessitam de uma turbina a mais para decolar na relação.

O homem precisa falar da sua dor.

A supremacia do fraco

Na história das mulheres que se sujeitam a maus-tratos ou se queixam dos maridos machistas, há um mundo muito mais amplo do que parece.

Tradicionalmente, é o homem que domina a esfera social; porém, é a mulher que controla, de forma serena e soberba, as esferas

Mulher

sexual e emocional. E aí não tem rival à altura. Sua dominação é um fardo esmagador.

Nós, homens, não nos sentimos bem no mundo da emoção. Somos dependentes da mulher e tentamos aplacar nosso desamparo com o uso da força, a busca de poder e a dominação econômica.

Essa ideologia da mulher como uma pobre vítima é, para mim, uma "caricatura social". Bloqueia, mascara e desvia a mulher do reconhecimento do seu domínio no campo mais profundo e importante.

Porém, há uma grande vantagem: toda vítima é manipuladora e controladora; manipula pela culpa dos que a cercam. Essa forma sutil de dominação é exposta em "Mulheres de Atenas":

> Mirem-se no exemplo daquelas mulheres de Atenas
> Temem por seus maridos, heróis e amantes de Atenas
> As jovens viúvas marcadas
> E as gestantes abandonadas
> Não fazem cenas
> Vestem-se de negro, se encolhem
> Se conformam e se recolhem
> Às suas novenas Serenas.

A negação da natureza

O primeiro ensinamento do budismo, do hinduísmo, do judaísmo e do cristianismo é que somos muito mais do que o nosso eu social. No entanto, as mães ensinam suas filhas jovens a serem ambiciosas socialmente, a ignorar ou superar todo e qualquer instinto sexual, caso este entre em conflito com a agenda de concessões imposta por elas à sua descendência.

Elas são treinadas para repudiar como "misógina", isto é, como motivo para provocar aversão à mulher, toda a força da sexualidade feminina e seu poder criativo.

6. O poder feminino e suas faces mais sombrias

Não importa quão grandiosos sejam o feminino, a maternidade e a criatividade para preparar um prato de comida. Sempre ouvimos: "Mulher que cozinha bem é piloto de fogão; homem que cozinha bem é artista, um *gourmet*".

As mentes dessas meninas estão sendo preparadas para se afastarem do seu corpo, apostando demais no intelecto. Isso também causa um desequilíbrio.

Tudo isso me parece o oposto do que as mulheres da minha geração tanto lutaram para alcançar na década de 1960.

Separados por um abismo

Há um fosso imenso entre a autoimagem e a autoestima que as mulheres exibem no consultório e a realidade da força e da beleza da sexualidade natural da mulher.

Até que a mulher permita e se conscientize "inconscientemente" da antiga identidade entre a mulher e a natureza, com todo o seu poder perturbador, o padrão sexual continuará um enigma para o pobre homem, que continua "pagando para entrar".

O que observo no sexo masculino, dentro e fora do consultório, é uma distância enorme entre a imagem que o homem transmite e a realidade de sua angústia sexual.

A intelectual Rose Marie Muraro, em seu livro *Os seis meses em que fui homem*, escreve: "O homem, esse *cowboy* solitário, nada mais é do que um servo do pai-patrão. É um conformista. Para ele, intimidade tem a ver com o controle do outro pelo poder. Tudo isso nada mais representa do que uma dependência da mãe-terra, mulher".

A geografia radicalmente diferente dos corpos feminino e masculino levou o racional homem a tentar entender:

— Ela me fez fazer isso.

— Não sei por que eu a violentei.

Mulher

— Não sei se é meu filho.

— Não sei se ela tem orgasmo.

Imperam o medo enrustido e a insegurança.

"Confio nas mulheres em geral e na minha em particular", disse Vinicius de Moraes. Pois se ainda fosse vivo, talvez o poeta dissesse, hoje: "Desconfio das mulheres em geral e da minha em particular".

Vista de fora, a sexualidade feminina brilha como uma lua cheia.

O que aprendi nesses 35 anos de clínica é que as mulheres são mais felizes quando recolhem, aceitam e curtem as diferenças de gênero.

A explosão da sexualidade feminina

O dinamismo feminino é a lei da natureza.

A Mãe Terra desposa a si mesma.

A superestrela feminina é uma deusa, mãe-pai universal. Retrata a androginia das grandes estrelas.

Todas são fêmeas, dotadas da fria vontade masculina, com suas ambiguidades sexuais nos modos e na aparência.

A mídia mitifica as pessoas. Usa e abusa da exploração desses mitos.

Há pouco tempo uma grande atriz foi pressionada em um período de desorganização de sua vida. Uma crise que qualquer mortal comum poderia sofrer em paz.

Segundo a imprensa, Vera Fischer morre e renasce dos pântanos das drogas com a força poderosa da grande mãe, como a Vênus de Willendorf.

Presente em um desfile de moda após mais um inferno astral, inicialmente ela parecia disforme, acima do peso. Mas sua entrada na passarela trajando um vestido vermelho magnetizou a plateia, em uma inexplicável magia.

6. O poder feminino e suas faces mais sombrias

A expressão das pessoas era de choque. Senti admiração e medo. Era uma figura tão agressiva e naturalmente sexualizada que me inspirou os versos abaixo.

Volumosa, bulbosa, fulgurante.
Mãe-matéria, mãe natureza e fêmea.
Centrada no útero, expressão selvagem.
O cio.
Rude e turbulenta andando pela passarela.
Visceral.
Força primal, vidrada de grandes esperanças.
Peitos, barriga e nádegas.
Peitos
que impressionavam bastante.
Uma montanha, nodosa e mística, a ser galgada.
Um santuário.
Uma tela de Michelangelo. Nenhuma reta,
só curvas e círculos.
Figura que parece emergir do inconsciente.
Maré alta.
Deprimida, oprimida pela gravidade de sua vida.
Mas de um magnetismo maligno e poderoso.
A transformação, a solidão e a cura.
O exílio, o xamã, a mulher que ama.
Finais e recomeços. Mortes e renascimentos.
Rainha e camponesa.
O glamour, a beleza como poder e o poder como beleza.
Tinha um véu em sua volta. Uma ilusão, um hímen.
Uma surpreendente força espiritual.

Mulher

A força de Eva e Madalena

A simbologia de justificação do feminino é devastadora para o racional mundo masculino.

Entre Eva e Maria, a mente e o coração do homem dançam toda a coreografia da ambivalência.

Da figura singela da bailarina clássica à cigana, com sua imagem assustadora.

A História afirma (e confirma!) todas essas imagens.

As limitações burguesas fizeram da prostituição uma exploração masculina: as mulheres, objetos e vítimas.

Olhar a mãe solteira com sentimentalismo?

Honestamente, não sei. É preciso refletir acerca desse estereótipo.

Faço pré-natais de mulheres lindas, pseudofrágeis, que exercem seu poder sexual sobre homens que se acham poderosos por terem dinheiro. No consultório, porém, eles parecem machos assustados, acuados, ambivalentes e desorientados.

Acredito que o moralismo e a ignorância sejam responsáveis pelo mito da mulher frágil.

Na adolescência, conheci uma prostituta que gerenciava um bordel de luxo no interior de São Paulo e dominava todos, do soldado ao general, do padre ao delegado, do prefeito ao governador.

Os homens não buscam só sexo com as prostitutas. Buscam, principalmente, colo.

A prostituta é uma analista fantástica, não somente na arte de burlar a lei. Mas na intuição da "única constelação" de convenção e fantasia capaz de produzir orgasmo, seja em um estranho, seja em um amante.

É moralista e conservadora.

Vive tanto do seu corpo quanto dessa capacidade inata.

É psicóloga com mestrado e doutorado em ciências humanas.

É atriz com pós-graduação em arte dramática.

É uma artista performática de imaginação sexual hiperdesenvolvida.

6. O poder feminino e suas faces mais sombrias

Na Babilônia, para conseguir encontros amorosos com uma garota hipnoticamente bela e sedutora, um jovem e brilhante doutor egípcio abriu mão de sua riqueza, de sua casa e de todos os seus pertences, inclusive seus preciosos instrumentos médicos, e até do embalsamento dos corpos dos pais, para escândalo da população. Quando nada mais lhe restava, os servos de sua beldade bateram a porta na cara dele.

A história conta que Helena fugiu com o troiano Páris e deixou Menelau a ver navios. Furioso, Menelau provocou uma guerra que durou nove anos e meio para matá-la. Sua honra de macho estava em jogo.

Quando Troia foi dizimada e os dois se reencontraram nos aposentos da "adúltera", espada na mão e raiva acumulada durante tantos anos não foram suficientes para sacrificá-la. Um simples olhar de Helena e a exposição sensual do seu corpo foram suficientes para que Menelau exclamasse:

— Vamos para casa, Helena!

Chico Buarque aborda a força dessas figuras femininas e a hipocrisia da sociedade na peça *Ópera do malandro*. Uma das músicas mais desconcertantes é "Geni e o Zepelim":

> De tudo que é nego torto
> Do mangue e do cais do porto
> Ela já foi namorada
> O seu corpo é dos errantes
> Dos cegos, dos retirantes
> É de quem não tem mais nada
> Dá-se assim desde menina
> Na garagem, na cantina
> Atrás do tanque, no mato
> É a rainha dos detentos
> Das loucas, dos lazarentos

Mulher

Dos moleques do internato
E também vai amiúde
Co'os velhinhos sem saúde
E as viúvas sem porvir
Ela é um poço de bondade
E é por isso que a cidade
Vive sempre a repetir
Joga pedra na Geni
Joga pedra na Geni
Ela é feita pra apanhar
Ela é boa de cuspir
Ela dá pra qualquer um
Maldita Geni.

A invisibilidade das prostitutas

Mas, ao contrário da Geni, as prostitutas de maior sucesso são as "invisíveis". Produzida por sua grande intuição, essa invisibilidade deu-lhes o poder de se deslocarem, sem serem detectadas, no interior da estrutura social.

Uma cidade rica como São Paulo está repleta dessas invisíveis senhoras que desfilam pela sociedade. E uma cidade com ares de monarquia como o Rio de Janeiro ainda é infestada de "cortesãs" da aristocracia falida.

Existem, também, as casas de sexo disfarçadas de saunas ou casas de massagem. Ali, os homens se reenergizam. Partem para ganhar seu dinheiro e voltam para gastá-lo.

A maioria das profissionais exerce total controle do encontro erótico e não faz nada que não quer. Obviamente, o encontro pode complicar. Sexo com estranhos jamais será livre de riscos.

6. O poder feminino e suas faces mais sombrias

A emoção intensa que se experimenta é devida, muitas vezes, à proximidade com o desastre e a morte. Como uma grande aventura em que se desafia a natureza: descer um rio de corredeiras, escalar um pico de montanha, caçar animais perigosos.

Mas nenhum governo masculino tem força para proibir. Mesmo porque os podres poderes são dominados pelas mulheres.

Em agosto de 2010 o jornal *O Globo* dedicou a capa de sua Revista de Domingo às casas de *swing* cariocas. Ou seja, em pleno século XXI, bacanais continuam sendo entretenimento.

A maternidade e o mito da Virgem Maria

Maria e Madalena, duas *personas* diferentes, dois modelos de mulher, oscilam na psique dos católicos latinos.

O homem perde o interesse sexual pela mulher quando ela engravida ou após o nascimento dos seus filhos. Ativa-se no seu inconsciente a figura de sua santa mãe.

O mito da mãe santa é tenaz. Sobrevive de geração em geração, resistindo brava e indefinidamente à formidável transformação de costumes das últimas décadas.

O lar vira um santuário, e o homem passa a buscar satisfação sexual fora dele.

Mas não se pode excluir, também, as grandes "dores da maternidade" e a dificuldade em compreender essas metamorfósicas mulheres.

Alguns parceiros, com a maior cara de coitados, dizem: "Doutor, eu não consigo entender as reações dela".

É, realmente, muito difícil lidar com uma mulher grávida, porém é ainda mais complicado lidar com uma ex-grávida.

Seu poder manipulador é muito grande.

Mais uma vez, o homem tem uma visão ingênua da situação.

Novamente, a mulher domina a cena.

Mulher

A mulher só verá o homem com mais realidade se souber que ele não é tão poderoso e salvador como seu pai. A própria figura paterna precisa ser humanizada.

Alguns temores masculinos ativam-se na gravidez, dificultando a vivência desse período.

Não é aversão. É medo.

Um problema que ficou na sombra pode vir a incomodar.

Quando pequeno, o menino dessexualiza a imagem da mãe, não aceita nem desenvolve naturalmente o amor que sente por ela. Simplesmente o reprime.

Na opinião de Lacan, psicanalista francês que propôs uma nova interpretação da psicanálise, "a mulher não existe; quem existe é a mãe, a única mulher na cabeça do homem".

Portanto, para o resto da vida, o homem permanece sob o domínio inconsciente dessa primeira figura de mulher.

Para humanizar essa mãe é preciso "matar a santa mãe" e digerir a "mãe orgásmica". Porque mãe também goza. Ou, pelo menos, deveria.

O homem precisa encontrar a mulher "real".

Temos, aí, a mulher "papel de bala": gruda no homem e se torna totalmente dependente dele. E o manipula ardilosamente.

O homem, por sua vez, rejeita o tempo todo essa mulher. Foge ou tenta fugir da velha mãe que o intriga tanto. Mas não consegue se desvencilhar.

O filho fica preso à mãe que não o amou. Muitas mulheres educam o homem para não crescer e, realmente, dominam-no. Com isso, os dois saem perdendo.

A mãe ideal ou um ideal de mãe

Infalível, eternamente protetora e provedora da vida.

A mãe, aqui embaixo, é um único deus, sem ateus.

Ela não é uma mulher como as outras.

6. O poder feminino e suas faces mais sombrias

É bonita, amorosa, poderosa e onipotente: os céus a obedecem, os filhos também.

Todos os defeitos que os homens atribuem às suas mulheres são negados em relação à mãe.

Eis por que, homem e mulher adultos, mesmo que tenham sofrido nas mãos de uma mãe medíocre, desprezam sua vivência pessoal, escondendo-se inconscientemente em benefício de uma ilusão reconfortante: toda mãe é uma boa mãe.

Observando gestantes acompanhadas das mães que repetem: "Você será uma boa mãe, minha filha" e dos maridos que insistem: "Se você trabalhar fora de casa, seu filho será carente", é que eu entendo a expressão "ser mãe é padecer no paraíso".

Tive a oportunidade de aprender, na prática, quase toda a teoria psicanalítica ao acompanhar grupos de gestantes no pré-natal por vários anos.

Em geral, os filhos sofrem de excesso de mãe e escassez de pai.

A meu ver, uma das funções mais importantes da paternidade é ajudar os filhos a se desvencilharem da mãe "excessiva".

Os mitos são tão poderosos que até mesmo na terceira gestação ainda se confirmam.

— Não é no papel de mãe que me sinto melhor — contou-me uma paciente certa vez.

Talvez, se eu fosse uma médica ginecologista, essa moça não expressasse esse sentimento. Portanto, o inconsciente coletivo permanece impregnado da glorificação da maternidade.

Sendo o amor uma das emoções mais relevantes de nossa subjetividade, acredito que processos racionais passam a integrar os processos emocionais.

O primeiro objeto de amor de nossas vidas não foi escolhido por nós.

A mãe nos primeiros anos é privilegiada com o "amor incondicional de seu filho", totalmente dependente de seus defeitos e qualidades.

Mulher

Nós, os filhos, só temos capacidade para avaliar racionalmente esse amor depois de ter acumulado uma boa quantidade de informações no cérebro mais evoluído. A partir daí teremos condição de comparar com outras mães e a avó.

Então podemos continuar a amá-la ou, ao contrário, aos poucos perder o amor e a admiração por ela.

Os adultos que chegam à triste constatação de que não amam suas mães sentem grande constrangimento com esse sentimento e dificuldade de expressá-lo.

Esse aspecto da nossa subjetividade é influenciado por códigos culturais e religiosos repressivos que nos impedem de amar e desamar com liberdade.

O fato de abrigar por nove messes e parir uma criança não autoriza ninguém a ter comportamentos e ações autoritárias e chantagistas.

Assim que o amor se desvencilha da "dependência", ele integra elementos da razão e o exercício da liberdade.

A nova maternidade

Quando a mulher tem ambições (mundanas, intelectuais, profissionais e esportivas) e meios para satisfazê-las, é infinitamente menos tentada a investir todo o seu tempo e energia na criação dos filhos.

Pergunto: quais são as mulheres modernas que hoje não têm nenhuma outra ambição pessoal além da maternidade?

"Quero mais do que os anseios limitados de minha mãe e minha avó: quero ter filhos e trabalhar", é o que responde a grande maioria delas.

Isso é fugir à perspectiva da natureza?

Não! É criar uma nova ordem da natureza.

Conciliar os dois papéis é tarefa desproporcional às forças humanas. Sobrecarga permanente.

Jeanne Donim, em 1848, já reivindicava:

— Só o título de mãe já deveria incluir as mulheres nas eleições.

6. O poder feminino e suas faces mais sombrias

Quem sabe esse grande lar mal administrado que é o Estado poderia ser mais bem organizado.

Como administrar as duas tarefas – o trabalho e a educação dos filhos? O segredo está em dividir as responsabilidades com o pai e valorizar o seu papel.

Tenho observado na clínica um aumento no número de mulheres que conseguem conciliar os papéis de profissional e de mãe com pouco sentimento de culpa. Sem dúvida, os pais estão colaborando com esse novo contexto.

Mesmo sozinhas, quando assumem a criança sem o auxílio do pai, podem dar conta do recado...

Sou testemunha disso. Entendo e compreendo porque passei pela experiência. Há 21 anos atendo em consultório do lado de casa para ficar perto dos meninos.

Quando me separei fui "pãe". Hoje os dois são homens saudáveis.

Os desafios do novo pai

Os novos pais já se mostram capazes de partilhar, verdadeira e profundamente, as tarefas extenuantes, as responsabilidades (materiais e morais) de educar os filhos e organizar a casa. No entanto, a paternidade continua desvalorizada como elemento de formação do núcleo familiar.

Prova disso é que o pai é proibido de participar do parto sob a alegação de que "é coisa de mulher". Ainda hoje só algumas maternidades permitem que essa figura "secundária" entre no centro obstétrico. E a maioria cobra taxas altas para conceder a permissão.

Já houve algum reconhecimento: três dias, garantidos por lei, para o pai "ficar em casa". Esse tempo é suficiente apenas para resolver a burocracia da maternidade e registrar a criança. Não para participar de fato dos primeiros momentos desse novo ser, especial também para o pai.

Mulher

E o mais absurdo é que, no caso de separação (mesmo que seja amigável), a mãe com a guarda dos filhos pode até se achar no direito de alterar o nome deles sem a autorização do pai. Ou seja, um nome escolhido amorosa e democraticamente pelo casal pode ser mudado pelo poder.

Alteram-se a certidão de nascimento, a carteira de identidade e o passaporte sem consultar nem sequer informar o pai. O pátrio poder não é cogitado nessas questões. Vale o poder materno contra o amor paterno. Como isso é possível?

Não se pode mais negar a importância da figura paterna na relação familiar e na construção da identidade dos filhos.

A poderosa e antiga mãe abriu espaço para a nova mãe. E essa mulher, que ganhou autonomia e poder econômico e social, abriu espaço para o pai. Um novo pai está surgindo, mas depende, obviamente, da nova mãe.

Essa mulher-mãe, realizada nos seus mais variados potenciais criativos, busca um companheiro e divide com ele o amor e a educação dos filhos.

Casada ou divorciada, ela valoriza a importância do pai. Vitoriosa e completa, ela se opõe ao modelo ultrapassado de mulher: comodista, sempre à procura de um patrocinador, suportando relacionamentos insatisfatórios por uma questão de sobrevivência e, ao exercer a "profissão" de ex-esposa, colecionando pensões e usando os filhos para cicatrizar velhas feridas.

Gostaria de entender por que algumas mães ainda insistem em afastar os filhos dos pais. Por que um pai amoroso e responsável não tem o direito de dividir o tempo dos filhos? Por que um bom homem não pode ser um bom educador?

A lei da guarda compartilhada, aprovada em 2008, reconhece ao homem esse direito: as responsabilidades pelo filho são divididas entre pai e mãe. No entanto, para ser concedida, o ex-casal precisa viver em harmonia após a separação — o que em geral não é a regra. Do contrário, a guarda continua sendo confiada exclusivamente à mãe.

6. O poder feminino e suas faces mais sombrias

Será que o fato de carregar o filho na barriga durante nove meses garante à mulher o direito eterno de ser mais adequada e afetiva do que o homem?

O amor materno é mais natural. Segundo José Vilson dos Anjos, "a mãe, ao engravidar, sabe que é mãe, tem a experiência concreta do corpo".

Já o amor paterno é mais trabalhado. Antes, o pai tem de acreditar que o filho é dele.

A maternidade é um fato; a paternidade, uma possibilidade. A mulher engravida no útero; o homem, no coração.

Amor de pai se assemelha ao amor de mãe adotiva. O amor do pai é o amor do crédito, da crença e da adoção.

A mãe ensina o amor da presença. O pai, o amor da ausência. São sentimentos complementares, nunca excludentes.

O amor da ausência é tão fundamental quanto o da presença. É o amor de Cristo. Veio, internalizou e se ausentou. Mas está dentro de nós. É amado na ausência porque já marcou presença.

É o amor do sêmen. Do pênis que entra, deixa sua semente e sai. O amor do pai é um achado.

Pelo amor de mãe, você é aprendiz. Pelo amor de pai, você é mestre.

O primeiro lhe traz vantagens. O segundo, exigências.

A mãe deve cortar o cordão umbilical. E o pai construir um cordão umbilical, não de carne, mas virtual.

Nós, homens, estamos há décadas observando os movimentos feministas. Começando por um feminismo radical, na década de 1960, as mulheres encontram hoje equilíbrio e harmonia.

Professoras, secretárias, publicitárias, médicas, juízas, elas estão em muitas profissões... Temos de aplaudi-las.

No entanto, se nós, homens, não iniciarmos o nosso movimento, continuaremos sendo massacrados pela velha mãe-mulher, produto do machismo. Continuaremos educando crianças machistas dentro de uma matriz social de desigualdade.

Mulher

O poder paterno e o materno devem ser equilibrados. O amor paterno e o materno são apenas faces diferentes de uma mesma moeda.

Na nova matriz social, tanto a mãe quanto o pai ensinam formas diferentes de amar. A autoridade e a responsabilidade pela educação são divididas. Em teoria, pelo menos — e vamos torcer para que também na prática! — teremos crianças mais humanas e com valores de gênero mais igualitários.

De bem com a sedução

A necessidade de ser sedutora está tão arraigada no espírito feminino quanto o ideal absoluto de ser mãe. Seria ingenuidade ou hipocrisia afirmar que elas não sentem prazer nesse jogo obrigatório. Afinal, a biologia as impulsiona nessa direção.

Os hormônios passam 30 anos preparando mensalmente a fêmea humana para atrair o macho e se reproduzir.

Essa mulher feliz, realizada, apaixonada pelo seu companheiro, não deixará de se arrumar para ser olhada e desejada, porque a mulher se veste e se maquia para o homem, mas também (e especialmente) para suas rivais.

Por que uma mulher que já pôs filho no mundo precisa seduzir e ser desejada? Faz parte da sua alma biológica e cultural!

Os valores veiculados pela imprensa, pela literatura, pelo cinema e pelo teatro são tanto para as mães quanto para o resto do mundo: amor e sexualidade, ainda amor e sexualidade e sempre amor e sexualidade.

Só que em todas as histórias que vemos e ouvimos as grandes apaixonadas nunca são mães de família.

Muitas mulheres da nossa sociedade — moralistas, preconceituosas, conservadoras e fiéis por obrigação, não por opção própria — sentem-se dolorosamente excluídas dessa grande festa de amor e sexo, fora da qual o ser humano não vive plenamente.

6. O poder feminino e suas faces mais sombrias

Dicas para reconhecer a nova mulher (e escapar às armadilhas do velho modelo)

Nova mulher, forte e independente	Velha mulher, que oculta seu poder na fragilidade
Escreve seu próprio roteiro de vida	Encena a vida conforme roteiros escritos por outras pessoas
Lê, escuta, analisa, aprende e age	Orienta-se por mitos, tabus e crenças antigas
Reflete	Imita
Não é seguidora nem deseja seguidores	Segue os passos de falsos ídolos
É vaidosa	É narcisista
Mantém relações igualitárias com homens	Submete-se aos homens
É fiel por escolha própria	É fiel por imposição
Inicia-se sexualmente pela própria mão	Desde o início depende da mão do parceiro
Goza	Finge
Só engravida quando quer	Dá golpe da barriga
Tem autonomia e educa seus filhos para a independência	É dependente e educa seus filhos para a submissão
Valoriza a participação do pai	Afasta o pai dos filhos
Não confunde estar só com solidão	Considera estar só igual à solidão
Faz medicina preventiva	Usa a doença ou o sintoma para manipular
Reage	Vitimiza-se

7. O segundo tempo da maturidade

Ele faz o noivo correto
Ela faz que quase desmaia
Vão viver sob o mesmo teto
Até que a casa caia
Até que a casa caia.
Ele é o empregado discreto
Ela engoma o seu colarinho
Vão viver sob o mesmo teto
Até explodir o ninho
Até explodir o ninho
Ele faz o macho irrequieto
E ela faz crianças de monte
Vão viver sob o mesmo teto
Até secar a fonte
Até secar a fonte.

"O casamento dos pequenos burgueses",
Chico Buarque

Filhos adultos, seguindo seu próprio caminho, a casa vazia, o marido envolvido com o trabalho (às vezes, com a "outra") ou então casado com a vovó e de olho na Chapeuzinho Vermelho...

Mulher

Ou, depois de se dedicar exclusivamente à carreira, a mulher percebe de repente que as possibilidades de gravidez acabaram. E está só. Então as falhas menstruais fazem com que ela mergulhe em uma revisão de sua vida.

Esses são os dois estereótipos de situações com as quais a mulher se defronta no período da menopausa, a última menstruação, que no Brasil ocorre em média por volta dos 50 anos de idade.

A primeira fez o que devia; cuidou de todas as tarefas femininas descritas por Chico Buarque em "O casamento dos pequenos burgueses": engomou o colarinho dele, fez crianças de monte, aprendeu a preparar suspiros. Sua dúvida é: o que fazer agora?

Ela seguiu o roteiro que lhe haviam traçado. Viveu as personagens com devoção. Fez muito pelo marido e pelos filhos. E agora se questiona: "O que eu fiz por mim?".

A segunda teve de enfrentar o terrorismo moral — "homem pode, mulher não pode" — que ao longo da história da humanidade serviu como tentativa masculina de dominar o poder da sedução feminina.

Depois dos 30/40 anos, a mulher se depara com o terrorismo estético, que alimenta o medo desesperado de envelhecer e a luta sem trégua contra as rugas e outras marcas do tempo.

No mundo machista, o homem de 40 está na curva ascendente, não importa se é careca e barrigudo, desde que tenha obtido prestígio pelas suas conquistas sociais, seu *status* e seu dinheiro.

A mulher de 40 entrou na curva descendente: queda da autoestima, dependência econômica, medo da concorrência das gatinhas de 20 anos, além de outros transtornos, como ressecamento vaginal, depressão, calores, insônia e diminuição da libido.

É o climatério, a natureza retirando os hormônios. E encerrando a preparação cíclica para a gravidez. Fim do período reprodutivo. Agora, esboçam-se as suaves e alegres ou as frustradas e complicadas vovós.

Essa é a história clássica da famigerada menopausa. Hoje, porém, não nos fixamos apenas na parada da menstruação. Precisamos ficar atentos a outras pausas que acompanham o envelhecimento, se

7. O segundo tempo da maturidade

encararmos a mulher como um projeto sem data de validade e pretendermos realizar também a medicina de longo prazo.

Uma sucessão de pausas

A capacidade de vida aumentou exponencialmente. Na Roma Antiga, o tempo médio de vida eram 20 anos. Na Idade Média, subiu para 30 anos. No século XIX, atingiu 37 anos e, em 1930, antes da invenção da penicilina, chegou a 48-50 anos.

Hoje, no Primeiro Mundo, a expectativa média de vida é de 84 anos. Em 2010 haverá mais de 220 mil centenários nos Estados Unidos. Então, hoje, para quem tem mais de 40 anos, a expectativa de vida é de, no mínimo, 80 anos.

No Brasil, a média atual é de 71/72 anos para homens e mulheres. Segundo dados do IBGE, a população acima de 65 anos cresce 25 vezes mais rápido que a população jovem: em números gerais, a população jovem aumentou 3% e a idosa, 60%.

Infelizmente, longevidade não anda de braço dado com qualidade de vida. A maioria dos indivíduos ainda não tem a menor garantia de uma velhice saudável. Quer dizer: vive mais com o risco crescente de adoecer mais. Que vantagem levamos nisso?

Os números preocupam: 83% da população brasileira é sedentária; 60% está acima do peso; 25% tem obesidade mórbida; e 29% é hipertensa.

Portanto, é cada vez mais necessário contribuir para o envelhecimento digno.

Há muito tempo venho dizendo que a medicina de ponta é a preventiva, não a curativa. Quando fiz essa afirmação nas páginas da primeira edição deste livro, há 15 anos, arrumei grandes encrencas com as indústrias farmacêuticas.

A medicina curativa é imprescindível, porém precisamos ficar atentos a outra realidade. Evidências científicas e clínicas reunidas nos últimos 20 anos têm demonstrado que a partir de 30/35 anos várias

Mulher

pausas são ativadas no organismo. Como diz o dr. Ítalo Rachid, "envelhecemos porque os hormônios caem, e não os hormônios caem porque envelhecemos".

A biologia demonstra que, após o período reprodutivo, os indivíduos não interessam mais à natureza.

Ou compensamos as pausas desencadeadas pela carência hormonal, ou vamos envelhecer com grandes dificuldades nas funções da nossa mente e do nosso corpo.

Quando a tireoide não fabrica mais seus hormônios, o indivíduo perde sua energia vital. Dorme muito, sente cansaço constante, engorda. Isso é conhecido por hipotiroidismo e revertido com a prescrição dos hormônios em falta. As outras glândulas não são diferentes.

O hormônio feminino estradiol não é somente o que ativa as características de mulher nas meninas de 13 anos ou ativa os órgãos genitais. Ele é responsável por mais de 400 funções regenerativas e de reparo do corpo feminino.

O GH (hormônio de crescimento) também não tem como única função fazer o indivíduo crescer: ele exerce mais 150 funções.

Todos os preconceitos espalhados aos quatro ventos sobre hormônios demonstram total ignorância sobre o assunto.

Dizer que reposição hormonal causa câncer é até engraçado, porque basta estudar os hormônios e a gênese do câncer para concluir que a afirmação não se sustenta. A literatura científica mostra o contrário: que eles protegem contra várias doenças, inclusive o câncer. A sua falta é que pode contribuir para distúrbios.

Sem estudo e sem experiência clínica, o que se fala é puro "achismo".

Crise ou oportunidade de recomeçar

Do nascimento à morte, o ser humano atravessa várias fases de transformações biopsicossociais. Todas exigem um trabalho especial do

7. O segundo tempo da maturidade

ego. É aí que a estrutura psíquica e somática de cada um demonstra sua força ou fraqueza.

Saúde nada mais é do que a capacidade de dar respostas adequadas a essas situações que fragilizam o indivíduo em um período relativamente curto de tempo.

A crise pode servir como uma chance de crescimento, enriquecimento e renascimento para uma fase nova ou como elemento de regressão e fixação em formas imaturas de relacionamento.

As crises são cumulativas. Sua dimensão é diretamente proporcional à da mentira em que a pessoa viveu e vive. Elas são a chave para um contato mais realista com a vida e com o mundo. Se não conseguimos esse contato, nos refugiamos em nossos arranjos falsos ou fantasiosos. E na próxima o tombo será ainda maior!

Para as mulheres que aceitam o tempo de vida como oportunidade de enriquecimento e aprendizado, o envelhecimento representa sabedoria.

Espelho, espelho meu...

— Existe alguma mulher mais bonita do que eu? — pergunta a vaidosa madrasta.

— Sim — responde o espelho. — Cinderela, Branca de Neve.

A história só não contou que a rainha e a madrasta estavam no climatério e as heroínas eram adolescentes entrando no mundo romântico e lírico das belas formas.

Mais uma vez, o sentimento que está em jogo é a inveja.

Como diz Marco Aurélio Baggio, competente psicanalista mineiro, "o climatério é o limite extremo de tolerância do belo charme da histeria (futilidade) feminina".

Na época da madrasta má e invejosa ainda não havia reposição hormonal, cirurgias plásticas ou psicoterapia.

Aí, a falta de hormônios é implacável com a mulher que colocou todo o seu potencial no espelho. É comum que muitas usem e explorem a histeria como meio de vida.

Mulher

Desde a adolescência, essa mulher bela transita pela insinuação sem se entregar mais profundamente a uma relação. Participa do jogo oferecendo apenas o *status* da imagem e da silhueta.

Do outro lado, sempre haverá homens que complementam e reforçam os desejos dessas deusas.

A mulher fútil e histérica tem suprimentos de sobra para alimentar o ego dos "mauricinhos" e coronéis. Não é preciso desenvolver outros talentos e potenciais.

No palco em que desenvolve sua performance só desfilam vaidades. Porém, com a chegada do climatério, os hormônios pedem a conta e se retiram lentamente do espetáculo.

O brilho empalidece, e as menstruações perdem a regularidade até desaparecerem de cena. A beleza histérica e fútil diminui. A tropa de admiradores some. Se for casada, o maridão parece dar tudo por encerrado e se torna indiferente.

Com a menopausa, a histeria da mulher bate de frente e se estraçalha. Morre o lirismo.

Chegou a hora da verdade!

A vida exige de todos nós o desenvolvimento de nossos potenciais humanos.

Quem ficou nadando na superfície agora corre o risco de se afogar. A sociedade não joga a boia salva-vidas. Em um país como o nosso, que cultua o corpo esteticamente correto, a beleza traz isenções e privilégios.

Algumas mulheres bonitas são cruéis em sua *belle indiference*, distanciamento e aparente autossuficiência. Seu instrumento de poder e sua temporada de sucesso acabaram.

É a vingança das menos privilegiadas na estética, que desenvolveram outros potenciais.

Se não houver talento e recursos armazenados no passado, essa mulher fracassará.

Agora, o estoque acumulado nessa existência fútil e histérica é sempre menor do que o apego a perfumes, joias, roupas, cirurgias plásticas e fantasias.

7. O segundo tempo da maturidade

É na faixa dos 45/50 anos que encontramos o maior número de queixas ginecológicas. É de esperar. Afinal, essas mulheres têm muita dificuldade para expressar seus sentimentos mais profundos, pois só aprenderam a mostrar o superficial.

São sexual e afetivamente insatisfeitas, reclamam dos maridos, mas continuam submetendo-se a eles. Não fazem nada, absolutamente nada, para mudar seu roteiro de vida. A sua grande dor está sempre associada à "dor da impotência" e da "paralisia".

Felizmente, diminui a cada ano o número dessas pacientes que pararam no tempo, morreram psiquicamente e, de modo infantil, ainda usam o corpo para se comunicar.

Mudanças físicas e suas repercussões

A natureza não se importa nem um pouco com o indivíduo (no caso, a mulher).

As gestações, os partos, a amamentação comprometem um grande número de mulheres de forma desconfortável na fisiologia (funções) e na anatomia (estética).

O maior prejuízo é a dificuldade em controlar a urina. Em trabalho recente (1996), publicado no *British Journal of Obstetrics*, um grupo de pesquisadores da University of Otago Medical School, da cidade de Dunedin, Nova Zelândia, avaliou 1.505 mulheres com distúrbios urinários e comprovou que o problema é significativamente menor nas que fizeram cesáreas em comparação com as que tiveram filhos por partos vaginais. Quanto maior o número de partos, maior a chance de a mulher ter problemas de micção. A natureza dá de ombros e ignora. Afinal, essa fêmea já cumpriu sua missão.

Se as mamas estão disformes, a barriga marcada, o útero caído, a vagina alargada, se faz xixi quando tosse e muito barulho na relação sexual, se ganhou uma bela hemorroida, ela que se adapte...

Mulher

As leis da natureza e da sociedade não existem para proteger o indivíduo. Servem para proteger a espécie e, na maioria das vezes, as instituições que detêm o poder.

O indivíduo tem de ser flexível e esperto: fazer algumas concessões para garantir a sobrevivência e se rebelar para garantir o crescimento.

Aos 45/50 anos, a natureza retira os hormônios da mulher e, com isso, a fertilidade, mas não a criatividade e a produtividade.

Aos poucos, cessa a produção do estrogênio — 95% do hormônio sexual feminino que entra na circulação durante a idade reprodutiva é secretado pelos ovários.

Com a queda dos níveis de estrogênio, a mulher se viriliza e perde o brilho.

Sem o hormônio, a gordura se distribui de forma antifeminina. As curvas que desenharam sua silhueta cedem lugar às retas.

A pele resseca e o tecido conjuntivo (abaixo da pele) perde o colágeno e enruga.

Os vasos sanguíneos, os seios, o fígado, os ossos e até mesmo o cérebro sofrem prejuízos. Por isso, alguns pesquisadores referem-se à menopausa como uma doença da deficiência estrogênica.

A vagina perde a elasticidade e a umidade. Sua mucosa (pele interna) torna-se delgada e frágil, podendo sangrar e infeccionar.

Os ossos ficam sem cálcio e mais frágeis. As articulações se desgastam. Aumenta o mau colesterol, diminui o bom. A mulher se torna mais sujeita a infartos e derrames.

O estrogênio age no cérebro como antidepressivo. Na falta dele, aparecem instabilidades emocionais e alterações de humor.

A mulher também responde mal ao desejo.

A carência de estrogênio pode interferir na resposta sexual, pois diminui a circulação pélvica, a lubrificação e a expansão vaginal. As consequências mais comuns são dor ou ardor na relação sexual, inapetência ou desinteresse sexual e falta de orgasmo.

7. O segundo tempo da maturidade

E o déficit de androgênio ovariano, o hormônio que estimula o desejo sexual, provoca queda na libido, redução do interesse e das fantasias sexuais.

Não que o fim da atividade ovariana leve embora o desejo. Mas facilita (e muito!) todo um processo que culmina em inapetência sexual.

A inapetência quase sempre tem origem na dor durante a penetração, na falta de orgasmo, na queda da autoestima, na autoimagem negativa, na falta de privacidade, no desinteresse ou indisponibilidade do parceiro (devido ao divórcio ou à viuvez), na obesidade e no alcoolismo, além dos mitos que pesam sobre a mulher nessa idade: "Sou velha demais para isso", "Sexo, para quê? Eu não posso mais ter filhos!".

Todas essas alterações repercutem de forma diferente de uma mulher para outra. Mas uma coisa é certa: após a menopausa, o organismo feminino terá de se adaptar à falta do hormônio.

E por que a natureza, tão sábia e "bondosa", tira esses hormônios tão cedo? Porque não contava com os avanços da medicina.

Porque a fêmea aos 50 anos não terá mais a mesma energia e vitalidade para criar, alimentar e educar sua cria até esta se tornar independente.

Uma cria dependente como a humana precisa de muitos anos de cuidados para sobreviver. Morre se não tratarem dela até os 10, 12 anos.

Os meninos de rua estão aí, usando drogas, roubando, morrendo e matando.

Aos 60 anos, a fêmea pode adoecer e morrer.

O macho, que não é tão importante na manutenção da espécie, permanece fértil.

Nós somos simples reprodutores. Por isso um homem continua fértil aos 80 anos — se viver até lá, porque em geral os machos morrem antes das fêmeas —, enquanto uma mulher nessa idade não tem essa capacidade.

A agressividade e o egoísmo da natureza são fatos que nós negamos.

Só olhamos romanticamente a beleza do amor.

Isso é humano. Mas é ingênuo!

Mulher

Driblando a biologia

A medicina dos últimos cem anos e a ginecologia moderna venceram diversas doenças, aumentaram a longevidade e driblaram a natureza. Trinta anos após a menopausa, imprimiram um gol de placa na defesa fechada da natureza.

A terapia de reposição hormonal é um dos avanços mais importantes para a sexualidade e a manutenção das funções do corpo, do psiquismo e da saúde geral da mulher.

O fato é que a mulher atual é bem diferente de nossas avós. Hoje, a climatérica não aceita tantas agressões da natureza. Rejeita o corpo disforme e disfuncional. Sua autoestima e autoimagem dependem muito do seu corpo — de como ele funciona e se apresenta.

Recebo mulheres acima de 70 anos que me confidenciam a sua vergonha e seu embaraço em perder urina. Algumas usam fraldas geriátricas durante anos sem contar a ninguém. Imaginem o estrago que isso representa na autoestima delas.

Independentemente da classe social, a mulher de hoje quer ter filhos, sim, mas com o mínimo de alterações no seu corpo e na sua sexualidade.

Quer seguir ativa, lúcida e produtiva até os 80 anos. Ou mais. Quer viver bem. Entenda-se: com qualidade.

E os hormônios têm um papel essencial na manutenção de sua qualidade de vida.

Se ainda resta dúvida em relação ao valor dessas substâncias, olhe para sua filha de 10 anos e observe a revolução que os hormônios farão em todo o seu corpo, psiquismo e comportamento no intervalo de quatro ou cinco anos.

É um trabalho artesanal e ao mesmo tempo agressivo, no sentido de transformação. Suponha, agora, o mesmo efeito ao contrário. Olhe para sua filha de 18 anos e imagine seu corpo murchando e regredindo. Isso é o climatério.

Assim como a adolescência, o climatério deveria ser uma crise de passagem: em uma, entram em cena os hormônios; na outra, eles saem do palco.

7. O segundo tempo da maturidade

Da mesma forma que a adolescente tem de assimilar mudanças na imagem corporal e construir sua identidade aceitando a menstruação e a possibilidade de ser mãe, a climatérica também necessita redimensionar seus valores, aceitar sua última menstruação e a queda dos hormônios ovarianos com suas consequências — que hoje podem ser aliviadas.

A nova identidade terá de ser criada a partir do balanço entre passado, presente e futuro. E aí surge o grande diferencial: a idade, que modifica nossa relação com o tempo. Ao longo dos anos, nosso futuro encolhe, enquanto o passado se torna pesado.

A adolescente sabe que tem muito tempo pela frente. Buscará uma identidade visando ao futuro. Já a climatérica pode temer a proximidade da morte e passar a desenvolver uma fobia em relação ao tempo. É mais clara a percepção de finitude.

Ainda assim, restam-lhe dois caminhos distintos: se for saudável do ponto de vista psicológico, ela focalizará também o futuro, pois teve uma vida gratificante e realizada; do contrário, ficará presa aos fracassos do passado. Em vez de fazer projeções para o futuro, os mitos que pesam sobre essa faixa etária, aliados a seus próprios mecanismos psicológicos, impulsionam a mulher a contabilizar o lado negativo de sua história.

Outro fator que contribui para deletar esses mitos e tabus é a suspensão da menstruação, que pode ser feita desde a adolescência até os 50 anos, idade média em que ocorre a última menstruação. Para isso são utilizados implantes hormonais individualizados, que estabilizam as intercorrências do ciclo menstrual.

A partir dos 40 anos, quando muitas mulheres passam a ter alterações muitas vezes incômodas, o seu uso pode trazer diversos benefícios.

Quando elas alcançam a idade em que o déficit hormonal começa a acontecer, culminando na menopausa, os implantes

Mulher

hormonais usados dos 15 aos 50 anos de idade podem ser substituídos pelos implantes de hormônios bioindênticos para reposição hormonal.

Desse modo, desaparecem os sintomas desagradáveis, que tendem a incomodar quando as taxas de hormônios despencam. E o tabu de não menstruar mais perde o significado mítico associado ao envelhecimento: ela já não menstruava antes, continua a não menstruar depois.

Reposição hormonal: mitos e verdades

É preciso ter cuidado com o que se lê e o que se escuta.

Em 2002, a mídia fez muito barulho ao divulgar os resultados do estudo WHI mostrando que a terapia de reposição hormonal após a menopausa aumentava o risco de câncer de mama e de ataques cardíacos. A revista *Época*, de 15/07/2002, estampou a manchete: "Traídas pela medicina", que virou *outdoor* em várias capitais brasileiras.

O estudo foi noticiado por vários outros órgãos da imprensa, causando pânico entre as usuárias. Faltou dizer na ocasião que ele contemplava somente um esquema de reposição hormonal, justamente o mais antigo, por isso pouco utilizado, quando na época já existiam mais de 20 combinações hormonais.

Também houve confusão entre números absolutos e relativos. As matérias mencionavam aumento de 26% na incidência de câncer de mama, fazendo supor que 26 entre cem usuárias desenvolviam o tumor, quando na verdade a proporção era de 26 mulheres para cada mil (2,6%).

Cinco anos depois, o polêmico estudo foi revisado e os cientistas chegaram à conclusão de que os hormônios poderiam ser benéficos quando bem utilizados. A própria revista *Época* fez uma reportagem

7. O segundo tempo da maturidade

intitulada "Redimiram os hormônios" em 10/09/2008. Mas, ao contrário da anterior, ela não recebeu tanto destaque.

No intervalo entre uma publicação e outra, o que mais me incomodou foi a reação de muitos médicos e dos representantes institucionais das corporações de ginecologia e menopausa. Por que se abalaram tanto com uma notícia da mídia leiga a ponto de demonstrarem insegurança ao abordar o assunto? Por que nós, médicos com prática clínica, mesmo observando diariamente os benefícios da reposição hormonal, quando bem individualizada e supervisionada, nos deixamos abater desse jeito?

Alguém me respondeu que "experiência pessoal não vale nada".

Lamento discordar: excesso de referência bibliográfica alheia é que pode atrofiar nossas experiências pessoais.

Chegamos a tal extremo nesta era da medicina baseada em evidências — que supervaloriza os resultados dos estudos clínicos para a tomada de decisão — que precisamos voltar a praticar a "medicina baseada em inteligência", como denominou o meu querido mestre Lucas Machado.

Nossa tomada de decisão deve ser baseada no conhecimento, que inclui educação, literatura e experiência. Esta é a arte e a ciência da prática médica. É a razão pela qual temos o prazer de praticar a clínica e a razão pela qual nossas pacientes nos valorizam como clínicos. Não podemos abrir mão dessa responsabilidade.

Os hormônios para reposição após a menopausa avançaram muito. O mais usado no início para atenuar os problemas decorrentes da falência do ovário foi um estrógeno retirado da urina da égua grávida. Era um hormônio equino, diferente do hormônio humano. Mas a única opção disponível naquele momento.

A tecnologia evoluiu e surgiram os hormônios bioidênticos. Como o próprio nome sugere, eles são idênticos aos nossos hormônios naturais, embora tenham sido produzidos em laboratório por engenharia genética recombinante.

Hoje é possível compensar a falta de hormônio no climatério por meio de compostos sintéticos idênticos aos naturais, produzindo respostas totalmente fisiológicas.

Mulher

Uma ressalva importante: esses hormônios são diferentes daqueles presentes nas pílulas anticoncepcionais. Eles devem ser receitados por médicos experientes, com critério científico, clínico e laboratorial, levando em conta os sintomas, a idade e a saúde da paciente.

Existem dados concretos que nos permitem deduzir com relativa segurança os benefícios da terapia de reposição hormonal após a menopausa:

a. a reposição somente é realizada mediante a falta de hormônio;
b. o ideal é iniciá-la assim que começa a cair a produção hormonal;
c. a via não oral é preferível à via oral por ser mais fisiológica;
d. os prós e os contras da terapêutica devem ser apresentados à mulher, que decide pela aderência ou não. Portanto, a decisão é da paciente.

Diferentemente da matemática, a medicina não é uma ciência exata, porque muitos parâmetros estão em jogo: genética, alimentação, atividades físicas, toxidade do meio ambiente etc.

E o risco de câncer de mama?

A relação entre câncer de mama e terapia de reposição hormonal após a menopausa tem sido muito discutida entre os médicos, por dois motivos principais:

a. câncer pode matar;
b. não repor hormônio pode acarretar baixa qualidade de vida, com o aparecimento de sintomas físicos e psicossociais a ponto de tornar o envelhecimento um processo melancólico.

O câncer resulta de alterações no DNA (molécula com as informações genéticas do ser humano) de células diferentes da mama que são

7. O segundo tempo da maturidade

chamadas de células indiferenciadas. Esse processo é o que se entende por "mutação".

Em um minuto, ocorrem em nosso corpo cerca de 400 milhões de mutações. Elas são induzidas por genes que atuam na reprodução da célula, denominados oncogenes.

O organismo dispõe de mecanismos para se proteger contra erros na divisão celular. Os genes supressores impedem a multiplicação das células "defeituosas".

Quando esse mecanismo protetor falha, as células de código genético alterado, as tais células malignas, podem se reproduzir e proliferar pelo organismo.

Vários fatores ambientais podem provocar alterações no DNA: cigarro, irradiações, poluição do ar, agentes químicos presentes na água e nos alimentos e vírus. E se os nossos genes defensores não conseguirem reparar essas lesões, teremos o câncer.

Então podemos afirmar:

a. todos os cânceres são de origem genética;
b. a força propulsora do desenvolvimento do câncer é a mutação genética;
c. essas lesões podem ser hereditárias, isto é, já estarem presentes nas células do embrião, ou adquiridas ao longo da vida, a partir de mutações decorrentes de fatores ambientais.

Conclusão: para termos um câncer precisamos de lesões no DNA.

Hormônios têm ação proliferativa, ou seja, estimulam a reprodução das células, e consequentemente podem aumentar o número de divisões celulares, mas não agridem o DNA. Logo, eles podem promover, mas não induzir um câncer.

Um estudo clássico sobre a evolução do câncer de mama mostrou que um tumor duplica o seu tamanho, em média, a cada três ou quatro meses (cerca de cem dias).

São necessárias 20 duplicações para que o tumor atinja 1 a 2 mm de diâmetro, o tamanho detectado pela mamografia. Para atingir 1 cm

Mulher

(em torno de 1 bilhão de células) devem ocorrer 30 duplicações no desenrolar de oito a dez anos.

Então, se a mulher fizer acompanhamento regular — mamografia e ultrassom de mama em aparelhos adequados e com médicos radiologistas bem treinados — o câncer de mama pode ser diagnosticado quando ainda é plenamente curável.

A realidade clínica demonstra que os médicos que indicam a reposição hormonal são extremamente rigorosos na monitoração de suas pacientes e na exigência da mamografia semestral ou anual. Da mesma forma, há evidências de que as pacientes que fazem reposição são mais "antenadas" nos exames preventivos em comparação àquelas que não fazem uso de hormônios. Talvez por isso os índices de morte por câncer de mama sejam maiores entre as que não aderiram à reposição hormonal.

O controverso GH

Outro composto essencial à saúde é o hormônio de crescimento (GH). Ao contrário do que o nome sugere, ele não atua apenas na vida intrauterina, na infância e na adolescência.

Liberado pela glândula hipófise, esse hormônio é responsável pelo crescimento, renovação e restauração de nossas células. Ossos, músculos, sistema de defesa (imunológico), cérebro, coração e muitos outros órgãos dependem dele para seguirem em plena atividade.

O GH estimula a vitalidade e a energia, torna a cicatrização mais eficiente e melhora a elasticidade da pele. Também favorece a queima de gordura, aumenta a massa magra e o ganho de músculo. Em particular, ele remove a gordura mais danosa: a que tende a se concentrar na barriga, aumentando o risco de diabetes e infarto.

Esse hormônio entra na nossa corrente sanguínea em "pulsos" durante o sono, particularmente após a meia-noite.

Aos 20 anos de idade seu suprimento está em nível ótimo. Entretanto, a partir daí, a cada década de vida nossas reservas começam a cair.

7. O segundo tempo da maturidade

Então, por volta dos 60 anos, podemos ter acesso a somente 20% do GH que tínhamos aos 20 anos. O déficit desse hormônio, que regenera todas as células do corpo, causa envelhecimento.

Os principais sintomas da falta do hormônio do crescimento são:

— pele fina, delgada, frouxa e quebradiça;
— redução na espessura do osso;
— aumento de tecido gorduroso;
— diminuição da função cardíaca;
— queda da imunidade;
— perda da libido;
— menor vigor físico;
— depressão;
— fadiga.

Como o hormônio é o principal alimento para a célula cerebral, a carência dele tende a afetar a função neurológica.

De modo geral, os indivíduos acima de 40 anos apresentam um nível de GH abaixo do normal. Mas as curvas hormonais variam de uma pessoa para outra. Algumas manifestam deficiência até mais precocemente.

A carência pode ser revertida com doses pequenas e regulares para mimetizar a secreção natural orgânica. Mas o HG só deve ser empregado mediante prescrição e supervisão médica. Seu uso para esculpir o corpo ou melhorar o desempenho de atletas é contraindicado.

Adultos com GH baixo que iniciam a reposição sentem-se mais saudáveis.

Eu mesmo sou prova disso!

A ação dos androgênios

Circulam no organismo feminino hormônios androgênios, como os DHEAS, a androstenediona e a testosterona. Produzidos pela glândula

Mulher

suprarrenal, pelo ovário e pelo tecido adiposo (gordura), eles agem sem fazer muito barulho, nos bastidores: aumentam a produção de glóbulos vermelhos, estimulam o crescimento dos músculos, influenciam os depósitos de gordura, modificam a síntese de proteínas.

Quando faltam, porém, instala-se uma confusão no organismo. Os sintomas são obesidade, resistência à insulina (alteração que predispõe ao diabetes e aumenta o risco de doenças cardíacas), diminuição da força e da massa muscular, maior risco da fratura, diminuição da motivação geral e redução da libido.

O ciclo menstrual afeta as concentrações desses compostos. A partir dos 25 anos, tende a haver uma queda progressiva nas dosagens.

Após a menopausa, porém, ocorre uma situação insólita: a mulher passa a ter pouco hormônio feminino e uma razoável quantidade de masculino. Por isso, depois dos 50 anos, algumas adquirem uma silhueta mais masculina.

Com o tempo, no entanto, também os androgênios podem faltar. É interessante repor esse hormônio no homem e na mulher quando existe um déficit natural ou pela idade. Em 35 anos fazendo reposição de hormônios bioidênticos por implantes subcutâneos, tenho observado benefícios imensos tanto no corpo quanto nas emoções.

Um balanço da vida

A intensidade dos problemas relativos ao climatério depende, em grande parte, da plenitude e da forma como a mulher viveu sua sexualidade até esse momento. Mas outros fatores também interagem com a experiência da menopausa, como estilo de vida, acontecimentos pessoais, interesses específicos, relacionamentos e grau de cultura.

Todos os desejos insatisfeitos costumam se acumular nessa fase e representam, para a mulher, o medo de ter perdido alguma coisa da vida, levando-a ao pânico de não ser mais capaz de recuperar o tempo perdido. Então ela sofre pelo que não fez e desejou fazer e vive seus possíveis 30 anos pós-menopausa de luto, fixada nas suas paralisias.

7. O segundo tempo da maturidade

Ao homem que está na idade madura o que mais incomoda é o fracasso profissional. À mulher, o fato de não ter cumprido seus projetos de vida, sobretudo no que se refere aos vínculos afetivos: não ter construído relacionamentos significativos.

Para muitas, a crise pode fazer emergir emoções mal resolvidas de separações e perdas anteriores. E dessa "vivência inacabada" talvez resultem instabilidades psíquicas que podem evoluir até para uma depressão mais profunda.

Ao contrário das crenças populares, a mulher que relata maior angústia na menopausa não é a que não teve filhos, mas a que investiu **tudo** no papel de mãe e esposa. Ela perde o *status* e o senso de utilidade quando as crianças crescem e termina sua tarefa de cuidar e educar. Resta-lhe, então, uma profunda tristeza. Torna-se passiva e amedrontada diante da perspectiva de viver fatos novos.

A mulher sem filhos pode sentir tristeza ao comprovar que não há mais possibilidade de gerar uma criança. Mas, se ela tiver sentido sempre uma profunda ambivalência em relação à maternidade, agora pode considerar-se livre das pressões sociais. Então, a menopausa pode ser encarada como um grande alívio, um presente da biologia que a libera dessa pseudo-obrigação.

Nem sempre é difícil

Estudos de sociologia e antropologia com diversos grupos sociais mostram que esse período da vida é experimentado pelas mulheres de formas diferentes, segundo os critérios culturais que definem a idade, a feminilidade, a sexualidade e o papel da mulher idosa.

Mulheres indianas da casta Rasput, por exemplo, não se queixam de depressão ou sintomas psicológicos da menopausa, já que, por estarem sempre com o corpo coberto, sua imagem permanece oculta.

No dicionário japonês não se encontra uma palavra correspondente a "ondas de calor". Supõe-se que a dieta diferenciada, rica em soja e peixes, e a vigorosa atividade física exercida ao longo de toda a vida,

Mulher

inclusive na velhice, previnam esse sintoma. Além de ter menor índice de doenças cardíacas, osteoporose e câncer de mama, as mulheres japonesas são as mais longevas do mundo.

> Em muitas sociedades, as mulheres adquirem maior grau de liberdade na menopausa em comparação com os anos reprodutivos. Isso acontece porque a idosa não representa uma carga para a comunidade. Ela é um elemento ativo e produtivo.

No Ocidente, cultua-se o desejo de manutenção da juventude eterna e o papel da mulher idosa é incerto. Muitas são obesas, levam vida sedentária e seus esforços físicos se resumem a abrir as portas do carro e carregar os netos nos braços.

As poucas idosas com atividade profissional gratificante têm mais oportunidade de reforçar sua autoimagem e autoestima. Mas, mesmo entre elas, há distinções.

Nas profissões que privilegiam o intelecto, a sabedoria e a criatividade, as mulheres são valorizadas com o decorrer do tempo: políticas, advogadas, educadoras, médicas, terapeutas, escritoras. Os anos de experiência elevam o *status* do indivíduo na sociedade.

Nas profissões que privilegiam a aparência, a estética, o físico e o *sex-appeal*, por exemplo, atrizes, modelos, manequins e atletas, e também nas atividades e funções que perdem a importância com o decorrer do tempo, como ser mãe 24 horas por dia, as mulheres sofrem mais depressões e distúrbios com a chegada da menopausa.

Na maioria das vezes, colocamos nossa razão de viver no que construímos ou representamos. E, quando perdemos esse poder, praticamente perdemos nossa razão de viver.

Algumas poucas pessoas conseguem encontrar a razão de viver não no que realizam ou representam, mas no que vivem, experimentam ou sentem. Essas pessoas são simples e sábias. Não se apegam a nada, porque sabem que a vida não está nas pessoas ou nas coisas que possuem, mas na expressão gratuita e íntima de sua essência. Isso elas não perdem nunca.

7. O segundo tempo da maturidade

Temores principais

Para conhecer as principais preocupações das mulheres climatéricas, realizei uma pesquisa na Faculdade de Medicina do ABC, na década de 1980, que levantou dados interessantes. Suas aflições são relatadas aqui em ordem decrescente de importância.

a. **Fobia do tempo:** as mulheres não assimilavam o climatério como crise de passagem por falta de uma noção adequada do tempo; a sensação dominante era de que tudo acabou, como se não houvesse mais nada pela frente. Havia uma nítida deformação da percepção da idade e do tempo.

b. **Sexualidade:** a perda da possibilidade de reproduzir causava em todas um temor muito grande de perder a atração sexual, o desejo e a sexualidade, como se a vagina fosse fechar as portas a partir de então.

c. **Relacionamento amoroso:** o fato de ter ou não construído vínculos afetivos, e o sucesso (ou fracasso) em conseguir preservá-los, foi o que mais pesou. Os filhos, especialmente, eram muito valorizados.

d. **Sintomas:** fogacho (ondas de calor), insônia e ressecamento vaginal foram os mais citados.

e. **Imagem corporal e autoimagem:** rugas e quilos a mais incomodavam boa parte delas.

f. **Isenção social:** o fato de serem ou não valorizadas pelo que fazem, se estão dentro ou fora do contexto social, interferia na sua autoestima.

g. **Problemas financeiros:** segundo dados divulgados pelo Datafolha em 2009, 54% dos aposentados no Brasil ganham um salário

Mulher

mínimo. Mais de um quarto deles precisa de ajuda financeira dos filhos, parentes e amigos.

h. **Terapia de reposição hormonal:** dúvidas quanto às vantagens e desvantagens de substituir os hormônios que o organismo deixa de produzir por similares sintéticos.

i. **Doenças familiares:** sentem-se a geração-sanduíche — entre os jovens, que têm o futuro pela frente, e os idosos da família, de quem têm o dever de cuidar.

j. **Privacidade:** não querem morar com os filhos nem ir para uma instituição; desejam ter seu próprio canto.

k. **Dependentes não resolvidos:** filhos que voltam para casa depois de uma separação ou perda de emprego e custam a crescer são motivo comum de preocupação.

l. **Lazer:** do jogo de vôlei à caminhada na praia, é o que elas fazem por si próprias.

É interessante destacar que o prazer delas ficou em último lugar no *ranking* de preocupações. Sinal de que os outros vêm sempre em primeiro plano.

Algumas mulheres perguntam se a menopausa elimina o cheiro e o gosto de fêmea que tanto contribuem para o desejo masculino. Outras nem sequer imaginam tal ocorrência, mesmo porque a constatação desse fato necessita da observação e manifestação do parceiro.

Na geração dos nossos avós certamente isso só teria importância para as meretrizes. Hoje, esposas ou amantes vivenciam o sexo em todos os seus matizes, inclusive o sexo oral. Daí a preocupação com os nossos odores. Sem eles, como disse uma paciente, o marido terá de se contentar

7. O segundo tempo da maturidade

com o cheiro do sabonete, que, infelizmente, não embriaga os sentidos e muito menos adoça o suco vaginal.

O milagre que os sabonetes ainda não conseguiram a ciência médica alcançou e aprimora cada vez mais por meio dos hormônios bioindênticos de reposição.

O ninho vazio *vs.* o estranho no ninho

A sensação de uma árvore ressecada, que não pode mais dar frutos, ou o sentimento de que tudo se esvaziou. Os americanos chamam esse fenômeno de "síndrome do ninho vazio".

Oferecer a vida é um impulso inato na maioria das mulheres que atendo. Elas são muito competentes nessa missão. Mas a mulher que escalou a montanha e chegou ao topo pode vislumbrar o horizonte.

Um casal que cumpriu sua obrigação com a espécie pode voltar a concentrar suas energias no indivíduo. E sentir-se feliz (e até um pouco aliviado) com isso. Missão cumprida! Os filhos saíram de casa e o vazio deveria ocupar a alma com um gosto de mel, e não de fel. É o que acontece com vários casais.

Pessoalmente, nunca aceitei essa nomenclatura americana. Os estudos que fiz com grupos de climatério me trouxeram outra realidade:

a. A fase de maior dificuldade para a mulher é a gravidez e o pós--parto, não o climatério.

b. O homem sofre mais do que a mulher para lidar com a chegada dos 50 anos, deixando que os problemas se reflitam na sua saúde geral e na potência sexual. Desenvolvem mais doenças cardiovasculares e metabólicas e manifestam um comportamento mais regressivo.

Mulher

c. A dor mais profunda, importante e arrebatadora para mães dessa idade é o filho que não deu certo.

Filhos que não tiveram sucesso na vida arrasam muito mais a mãe do que o pai — aqueles que não conseguiram cortar o cordão umbilical ou que deixaram a casa dos pais e retornam para o ninho fracassados em seus projetos amorosos ou profissionais.

Obviamente, as mães neuróticas irão recebê-los de braços abertos. Já a mulher saudável nunca aceita sem dor esses filhos que não se desenvolveram. Aquele descendente pode até servir de companhia para uma mulher só; contudo, a lembrança do fracasso é diária.

As depressões pós-menopausa estão mais associadas ao "estranho no ninho" do que ao "ninho vazio".

O convívio torna-se pesado. O estado de ânimo é desvitalizado. A tristeza é o afeto prevalecente. Não há esperanças para o futuro. A capacidade de valorizar e apreciar a vida encontra-se gravemente avariada. E o corpo passa a vestir os sofrimentos.

O maior avanço

Felizmente, as mulheres ganharam seu espaço nesse mundo machista.

Há alguns anos, quando o ginecologista recebia em seu consultório essas metamorfósicas mulheres-senhoras entrando na menopausa, tratava seus sintomas com tranquilizantes e sedativos.

"Isso é piripaque", dizia-se na linguagem popular, ou histerismo de menopausada. "Vamos acalmá-las para que sejam vovós quietinhas."

A ginecologia do passado era machista e burra.

No final do século XX, as mulheres receberam um grande presente da medicina: a terapia de reposição hormonal com hormônios bioidênticos e a possibilidade de prevenir e evitar diversos tipos de câncer (útero, ovário e mama). Hoje, só morre de câncer ginecológico quem não faz os exames preventivos com supervisão médica.

7. O segundo tempo da maturidade

E também só murcha, isola-se, deprime-se e perde o desejo quem quer. Os hormônios bioidênticos de reposição vieram para:

— prevenir doenças da circulação sanguínea e do coração;
— evitar a osteoporose (enfraquecimento dos ossos);
— diminuir o envelhecimento precoce;
— jogar fora a depressão, manter uma estética feminina, o brilho da pele;
— conservar o desejo e o interesse sexual, assim como a lubrificação vaginal;
— combater os calores, a insônia e os suores noturnos;
— manter a memória e o raciocínio;
— conservar o tato, a audição, o olfato e as fantasias;
— reduzir o risco do mal de Alzheimer (demência senil) após os 70 anos.

Paralelamente a isso, a mulher conquistou espaço social e profissional. Valorização no trabalho, energia para a busca amorosa e autonomia para se sustentar.

Essas novas mulheres não precisarão mais suportar o "orangotango" até o fim da vida, como faziam muitas de nossas avós, que, por questão de sobrevivência, aguentavam o péssimo gênio e a rudeza do marido.

Se essa nova mulher não estiver bem acompanhada e feliz, poderá, de alguma forma, escolher o companheiro adequado para compartilhar a vida.

Trinta anos a mais de vida e mais vida nesses 30 anos.

Auxiliando na passagem

O ginecologista pode ajudar a mulher a desenvolver seu potencial criativo, estimulando-a a encarar o envelhecimento como uma fase psicossocial e colaborando na adaptação às alterações orgânicas da idade. Para isso, cabem a ele as seguintes tarefas:

Mulher

— prevenir ou tratar o déficit estrogênico e androgênico;

— destruir os mitos, as crenças errôneas, os estereótipos e os tabus da menopausa;

— estimular atividades profissionais, sociais, esportivas e recreativas;

— orientar acerca da alimentação adequada;

— solicitar anualmente, ou quando necessário, os exames preventivos do câncer de mama, útero e ovários: Papanicolaou e colposcopia, mamografia (a partir dos 35 anos) e ultrassonografia transvaginal;

— ampliar o potencial de comunicação das mulheres.

As que sofreram cirurgias podem manifestar alterações no comportamento sexual, dependendo do significado simbólico do procedimento para cada paciente. O ginecologista deve auxiliá-las na decodificação desse significado simbólico. E na reelaboração da sua autoimagem.

Entre as submetidas à histerectomia (retirada do útero), pude notar perda do desejo, da feminilidade, de força e energia, aliados à suscetibilidade à dor e à obesidade. A remoção do útero era associada à velhice. O comportamento sexual saudável só se restabeleceu quando esses conteúdos simbólicos foram elaborados após sessões de terapia de apoio.

Vale a pena acrescentar que muitas pacientes com útero removido devido a miomas (tumores benignos) apresentavam sentimento de culpa por abortos anteriores e relacionamentos extraconjugais. A doença era entendida como punição por um pecado sexual. Daí a necessidade de buscar a retaliação pela cirurgia.

E, por falar em histerectomia, vamos relembrar um pouco o capítulo 5.

Os americanos, que tanto atacam a cesárea e defendem o parto vaginal com dor, são implacáveis na indicação de histerectomias. Após os 35 anos, cuidado! Bastou doer a barriga e espirrar em inglês para perder o útero.

Ivan Strausz, professor de obstetrícia e ginecologia na New York Medical College, escreveu um livro condenando a facilidade com que as

7. O segundo tempo da maturidade

mulheres norte-americanas aceitam a histerectomia em sintonia com o exagero da indicação dessa cirurgia pelos médicos.

Há mulheres jovens sem útero sujeitas às consequências dessa intervenção: a histerectomia pode comprometer o funcionamento dos ovários e a produção hormonal, antecipando a menopausa.

Naquelas que tiveram os seios extraídos em decorrência de câncer, a sexualidade também fica alterada. A mastectomia modifica a imagem da mulher diante de si mesma, do parceiro e do mundo.

A identidade feminina está muito apoiada em sua imagem corporal, sobretudo nas mamas, por ser um órgão externo que a identifica como fêmea e mulher para si e para o mundo. O útero, os ovários e a vagina permanecem escondidos no interior do organismo.

Os seios são o órgão "fálico" da mulher, assim como o pênis é o do homem.

O comportamento sexual da mastectomizada está diretamente ligado à reelaboração de sua imagem corporal e à reação do seu companheiro. Quando há dificuldades nesses dois aspectos, a sexualidade genital é reprimida e sublimada.

Mas todos esses desafios podem ser superados. Acompanhei uma paciente com vulvectomia total (cirurgia de retirada da vulva e do clitóris). Seu parceiro era amoroso e mantinha relações sexuais orgásmicas com ela naturalmente.

Um ano após a cirurgia, ela ficou sabendo, pelo seu médico, que tinha perdido também o clitóris; a partir de então, não conseguiu mais atingir o orgasmo nas relações sexuais convencionais. Ela e o companheiro descobriram outro modo de conseguir prazer: por meio de penetrações anais. Hoje, o casal está satisfeito com sua vida sexual.

O que o futuro reserva

Diz o escritor Jorge Luis Borges: "A velhice pode ser o nosso tempo de ventura. O animal morreu, ou quase morreu. Restam o homem e a

Mulher

alma". Essa frase nos remete ao que tenho dito no livro. Não perdemos a nossa essência. Viver de modo saudável é viver buscando a expressão mais íntima e sincera do nosso ser.

É hora de viver a guerreira, a exploradora, a aventureira e a líder. Lançar-se a novas experiências. Desenvolver o prazer do sexo, deixando de lado o romantismo excessivo.

Em geral, o sexo torna-se diferente. Pode perder o significado que tinha na fase da maturidade, no funcionamento mental e dinâmico, nos valores que envolvia. Mas não está fadado a desaparecer. Afinal, é menopausa, não "sexopausa".

Agora, livre da maternidade, ao lado de um parceiro interessante e interessado, a mulher pode desfrutar uma vida sexual excitante e até mais gratificante do que antes. Em vez de tédio e inapetência sexual, a rotina do casal pode dar lugar à criatividade, à liberdade e à exploração dos novos potenciais recém-nascidos nesse período.

> Após a menopausa, a mulher deixa de se expressar como fêmea reprodutora, mas sua criatividade pode ser direcionada para o âmbito social. Afinal, o que acaba, de fato, é só a possibilidade de gerar filhos. A criatividade e o potencial não terminam nunca.

Em muitas sociedades, é na meia-idade que as mulheres alcançam poder político e religioso, além da cidadania. Margaret Thatcher realizou um feito notável logo após os 50 anos: tornou-se líder do Partido Conservador na Grã-Bretanha. Eleanor Roosevelt, Golda Meir e Indira Ghandi também se projetaram nessa faixa etária.

A plenitude da identidade será, então, alcançada por mulheres que durante sua existência puderam sentir a emoção e a poesia de cada degrau que foi atingido.

A plenitude ocorre no exercício da humildade (para ser ativo e aprender), da simplicidade (para não usar artifícios e agir com naturalidade) e da tolerância (para não julgar antes de compreender). Assim acontece realmente o contato. E é no contato que a vida se dá.

7. O segundo tempo da maturidade

É interessante lembrar que em toda a história nunca houve tantos casamentos após os 50 anos como nessa década.

Pessoas maduras, quando encontram alguém do sexo oposto para se unir, é com certeza de felicidade, pois nessa idade os sonhos básicos já se concretizaram e as aventuras malucas ficaram para trás.

Amor não é paixão, porque paixão funciona bioquimicamente como transtorno obsessivo compulsivo (TOC): vive-se inicialmente de idealização, mas quando bate na realidade é frustração na certa.

Nessa fase pode-se viver intensamente o amor. Nem filho, nem sogro, nem sogras podem atrapalhar essa relação a dois.

Gente madura, com boa saúde:

a. Tem ótima aceitação da trajetória percorrida na vida. Os fracassos são subestimados.

b. Já não sofre das pressões e cobranças da família e da sociedade.

c. Tem satisfação em cuidar de si próprio sem depender da ajuda alheia.

d. Tem uma sensação gostosa de dever cumprido.

e. Aceita a própria identidade.

f. Seu patrimônio maior são a gratidão e a compreensão da vida.

g. Deleta sua idade cronológica e valoriza a idade de seu vigor e energia.

h. Humaniza-se com: menos vitrine e mais estoque; menos conhecimento e mais sabedoria; menos bens e mais valores.

A essa altura, muitas vezes a mulher percebe que, apesar de ter tido vários homens na vida, os importantes são o primeiro e, especialmente, o último.

Mulher

Os dois lados da moeda

A receptividade saudável à menopausa, vista como um acontecimento natural e fisiológico, está ao alcance de quem vivenciou plenamente sua feminilidade.

A menopausa pode abrir, então, um período de florescimento de sua pessoa social e de grande estabilidade fisiológica e afetiva, o acesso a certo "saber" de experiência e lúcida indulgência.

A energia saudável de motivação pessoal, libidinal, põe-se a serviço dos outros: a defesa dos interesses comuns de um grupo, a assistência aos netos, o auxílio a mulheres mais jovens.

Essas mulheres aceitam tranquilamente a reposição dos hormônios ovarianos indicada pelo ginecologista e colhem os frutos do alívio dos seus sintomas.

São fontes inesgotáveis de esperança e de experiência e simbolizam a aceitação do transcorrer das estações. Toleram melhor sua modificação estética.

Elas irradiam paz, simplificam todos os problemas e angústias das pessoas que as procuram. Possuem a inteligência do coração de maneira mais natural, mais inconsciente. São ativas e, apesar da idade, continuam o processo de crescimento pessoal.

Por outro lado, a menopausada neurótica traz a máscara do horror, a agressividade comportamental. Monstros sagrados em certas famílias e comunidades, nas quais encarnam o antepassado despótico e frustrado afetiva e sexualmente, elas orientam a dança como as feiticeiras de *Macbeth*: temidas, odiadas e veneradas, perversas e dominadoras daqueles que, por educação, devem respeitá-las e, juntamente com elas, todos os valores mortos.

Seus sintomas, originados pelo déficit hormonal, são supervalorizados e utilizados para manipular e controlar seu companheiro e familiares.

Essas mulheres inspiram nossos antepassados a criar a imagem da velha bruxa, mal-amada e incapaz de amar.

7. O segundo tempo da maturidade

Envelhecer bem

Toda mulher viveu uma história que pode ter sido gratificante ou repleta de dificuldades. A capacidade de lidar com essa história é que conta pontos na sua saúde geral e nos recursos internos que ela possui para enfrentar a pós-menopausa, que hoje é um tempo bem longo, quase um terço da vida.

Há, normalmente, uma fase de profunda reflexão que antecede qualquer providência no sentido de protelar a inexorável velhice. Dessa reflexão surgem decisões de acomodação definitiva ou mudança radical.

Uma mulher que tem como projeto progredir decola de seu passado. Já quem se prende às regras dessa sociedade que cultua a juventude recusa o passar do tempo.

Gosto de definir o envelhecimento como uma continuação do nosso desenvolvimento como ser social. Uma "envelhecência". O envelhecimento é natural a todos nós, mas ficar velho é privilégio dos passivos e conformados. Pode-se ficar velho em qualquer idade.

Poucas mulheres envelhecem naturalmente. Muitas se tornam velhas devido à sua autoimagem, ao seu comportamento e à sua inatividade.

Os avanços da medicina moderna e as conquistas pessoais dessa nova matriz social definirão a mulher do novo milênio. A busca da felicidade nunca deve parar, porque saúde e felicidade são sinônimos.

Saúde física, mental e social até os 90 anos (ou mais!).

A prática de esportes não impede o desgaste dos órgãos, mas contribui para o seu bom funcionamento.

A leitura e o estudo também não retardam o envelhecimento, mas acendem e mantêm o tônus do raciocínio e da memória. Reduzir demais as atividades conduz a um enfraquecimento da pessoa inteira.

Podemos dizer, hoje, que o envelhecimento se faz com muita energia, com desenvolvimento e amor à vida.

Ao contrário da velha medicina cega que focalizava os problemas de coração e o colesterol, sabemos hoje que o colesterol da mulher feliz age diferentemente do colesterol da mulher infeliz e frustrada.

Mulher

Valorizamos mais a saúde física, emocional e sexual das pessoas idosas. Trocou-se o sedativo pelo hormônio. Dupla vantagem. Temos os benefícios da ação hormonal, sem os inconvenientes do ciclo, da tensão pré-menstrual, das cólicas e das hemorragias.

> Neste início de século a mulher ganhou autonomia e equilíbrio para viver o segundo tempo da maturidade com dignidade e feminilidade.

Agora, só não sabemos o que farão os homens após os 50 anos com essas mulheres inteiras, sexualizadas, atraentes e decididas.

Talvez um bom começo seja humildemente aceitar e respeitar a nova mulher e cuidar da cabeça e da próstata, pelo menos!

A vida só nos ilumina à medida que vivemos a nossa essência. Sempre que tocamos nossos anseios pessoais nossa expressão será real e criativa.

Muitos se preocupam em armar grandes barracas, em vez de procurar sombras naturais. Aí os ventos se fortalecem e o *tsunami* leva tudo.

Deveriam buscar as sombras no costado da esperança, da solidariedade, da gratidão e do bom humor.

Em nossa caminhada temos campos férteis para adoecer, terrenos pantanosos.

O apego, o materialismo, a mania de julgar, a culpa, a insensibilidade e a resistência às mudanças, o controle, a egolatria.

Ao armazenar vivência, valores e significados, estruturamos recursos para administrar o desamparo e a arrogância da adolescência; a inveja e a hipocrisia da maturidade. E, finalmente, quando tudo se esclarecer, alcançaremos a gratidão, que são o amor e a saúde.

Vencemos a futilidade que dá osteoporose na alma.

Juntando os pedaços

Ninguém consegue receber o novo se não se despedir do velho, já dizia o padre Antonio Vieira.

7. O segundo tempo da maturidade

Cada pedaço da vida é vital para o próximo. Por isso, o climatério como fase de renascimento é terreno fértil para varrer os cacos e examiná-los um a um.

Como propõe Chico Buarque, na música "Pedaço de Mim":

> Oh, pedaço de mim
> Oh, metade afastada de mim
> Leva o teu olhar
> Que a saudade é o pior tormento
> É pior do que o esquecimento
> É pior do que se entrevar.

É hora de rever as propostas que não se concretizaram, os amores, os desamores que se perderam no mundo do coração, vestidos de mágoa e de rancor. Os abortos, os exílios, os estupros, as amputações e as trevas.

Ódio e vingança não cabem mais. Vingança é arma de oprimido. Por isso, se tiver ranço, resolva!

Toque! Se não for possível, olhe! O olhar é a versão civilizada do toque. É melhor encarar o olho no olho para ver se ainda resta alguma coisa.

Até para poder ir embora, que é uma decisão difícil.

Sair com tudo para chegar com tudo.

> Oh, pedaço de mim
> Oh, metade arrancada de mim
> Leva o vulto teu
> Que a saudade é o revés do parto
> A saudade é arrumar o quarto
> Do filho que já morreu.

Sempre pagamos caro pela negação do nosso perfil zumbi.

Mulher

É hora de escrever um novo roteiro, um *script* produzido e dirigido por você.

Aqui, o vento da história sopra mais rapidamente. E para a frente!

Passar a limpo o rascunho.

Muita energia. Energia androgênica e intuição estrogênica.

São complementares.

Revisão!

A mediocridade não pode ser legitimada.

Os desejos marginais podem agora ser oficializados por você.

Pôr a mão.

Acolher-se.

Encontrando a saída, acha-se a entrada.

O afastamento que vira aproximação.

Oh, pedaço de mim
Oh, metade adorada de mim

Dicas para prevenção de câncer

* Controle seu peso. Procure manter o índice de massa corporal entre 21 e 32. Esse índice é obtido dividindo-se o peso pela altura elevada ao quadrado.

* Pratique exercícios físicos pelo menos por 30 minutos ao dia.

* Alimente-se bem: consuma grande variedade de frutas, legumes, leguminosas e grãos integrais. Reduza o uso de carne vermelha e limite a ingestão diária de álcool a dois copos (homem) e um copo (mulher).

7. O segundo tempo da maturidade

* Não use medicamentos ou suplementos sem orientação médica.

* Não fume: o cigarro tem efeito devastador no pulmão e está relacionado a pelo menos 15 tipos diferentes de câncer.

* Todo ano realize exame ginecológico, Papanicolaou e colposcopia a partir do momento em que iniciar sua vida sexual; as pacientes virgens devem fazer esses *check-ups* após os 25 anos.

* Faça anualmente ultrassom transvaginal para avaliação do câncer de endométrio e do ovário.

* Realize exames de sangue anuais para avaliar marcadores tumorais, substâncias presentes na circulação que indicam maior risco de câncer.

* Faça as primeiras mamografia e ultrassonografia de mamas aos 35 anos e repita anualmente. Leve sempre as anteriores para o radiologista comparar. Se houver antecedente de câncer de mama na família, sobretudo em mãe ou irmã, esse rastreamento deve ser iniciado dez anos antes da idade em que o familiar mais novo foi diagnosticado. Ex.: Se sua irmã teve câncer aos 40 anos, você deve começar a fazer esses exames a partir dos 30 anos.

* Havendo necessidade, o médico solicitará outros exames, como tomografia computadorizada e ressonância magnética, para complementar o diagnóstico.

Conclusão
A nova Eva
e o velho Adão

Desde as mais antigas civilizações, o ser humano e a natureza que o circunda sempre foram motivo de inspiração aos anseios da nossa alma. Os mistérios da natureza e a natureza contida no homem e na mulher.

A busca de respostas ao imponderável e ao incomensurável levou ao surgimento das religiões e das artes. Do Olimpo até a Bíblia, alcançando os orixás.

Como explicar a inexplicável transformação do dinâmico mundo que nos cerca?

A figura materna de Deméter, a deusa grega da maternidade, vestiu um *tailleur*, empunhou uma pasta de executivo e foi atrás de outros sonhos.

Afrodite, a deusa do sexo, centrada em si mesma, na sua sensualidade, hoje é mais valorizada pelo seu romantismo e arranja tempo para trabalhar em uma instituição de caridade.

Perséfone, a deusa da fragilidade, virou a filha que sustenta a família.

Hera, a deusa do poder e do *status*, abdicou de suas funções, entregando seu cargo para Ártemis, a deusa da aventura, e decidiu proteger a ecologia da degradação.

Eva largou a maçã e passou a dar aulas em uma escola maternal.

Maria, a Virgem Santa, almoça com Madalena, a prostituta, em um restaurante da moda.

Mulher

O Olimpo está de cabeça para baixo.

Um breve olhar sobre a história deixa no ar diversas questões: Apolo, Hermes, Netuno, Hércules e Adão, acuados e beatificados, estão procurando uma visão mais real das novas deusas ou continuam cegos, frágeis e inseguros?

A mulher moderna, mais humana, vive todas as deusas, alcançando maior plenitude de seus potenciais?

As deusas e os deuses continuarão em guerra? Parece que tudo é feito para manter a insegurança sob controle e evitar a entrega. São dois competidores em uma batalha inútil em que ambos saem perdendo. Onde não há entrega não há vida, não há relação, não há amor.

Ou estarão buscando harmonia pela maior compreensão do outro?

Afinal, homens e mulheres vivem à procura do seu par, como nos lembra a letra de "O meu amor", de Chico Buarque:

> Eu sou sua menina, viu?
> E ele é o meu rapaz
> Meu corpo é testemunha
> Do bem que ele me faz.

Em tempos de aids, as relações podem ser contaminadas pelo mais violento e agressivo dos vírus. O vírus do medo do contato, do medo de se entregar "sem assepsia".

Acompanho, diariamente, mulheres que lutam no seu dia a dia para se manter íntegras e dignas do feminino, com sua imensa capacidade de criar, lidar com seus próprios anseios e também com os de sua comunidade.

Independentemente da nova ordem que se instala, a natureza e a psique dispõem de muitas rimas na construção do soneto da sexualidade feminina.

O amor está acima do bem e do mal, do certo e do errado, da cor e da raça. Supera deuses poderosos e autoritários. Porque o amor é o único deus que conheço.

Conclusão – A nova Eva e o velho Adão

Nós, homens, estamos começando a nos cuidar e a compreender quem sempre cuidou de nós. Estamos aprendendo o feminino e nos aproximando da mulher. E assim chegamos mais perto da criança, do seu mundo criativo, transparente e justo.

Os novos tempos pedem novas formas de relacionamento. É tempo de aprender com a história.

E colocar em prática o que propõe Chico Buarque em "Todo sentimento":

Não dormir
Até se consumar
O tempo
Da gente
Preciso conduzir
Um tempo de te amar
Te amando devagar
E urgentemente
Pretendo descobrir
No último momento
Um tempo que refaz o que desfez
Que recolhe todo o sentimento
E bota no corpo uma outra vez
Prometo te querer
Até o amor cair
doente
Prefiro então partir
A tempo de poder
A gente se desvencilhar da gente
Depois de te perder
Te encontro com certeza

Mulher

Talvez num tempo da delicadeza
Onde não diremos nada
Nada aconteceu
Apenas seguirei como encantado
Ao lado teu.

Mulher – Uma guerreira vitoriosa

Ao refletir acerca de tudo o que escrevi, fico imaginando a mulher que viverá na próxima década deste século XXI.

Incluí nestas páginas algumas observações do meu amigo Wolber de Alvarenga, reflexões sobre a relação ser humano/ser humano e ser humano/natureza que chamam a atenção para a existência de uma espécie de senda evolutiva inerente a todas as pessoas, sem distinção de sexo, cultura, regime político e aspecto geográfico.

Assim, sou levado a crer que as afirmações referentes à mulher também são válidas para o homem do futuro.

Como diria John Lennon: *"You may say I'm a dreamer"* ("Vocês podem dizer que eu sou um sonhador"), mas acredito em uma mulher mais solta, mais consciente do seu corpo, da sua sexualidade e de seus papéis sociais.

Uma mulher capaz de viver mais amplamente seus potenciais.

Uma conduta de caráter universal. A universalidade do masculino e do feminino.

Fisicamente, ela atuará, na maioria das vezes, com intensidade e vigor, pois terá um nível maior de energia física. Primeiro, porque ela não mais se consumirá em conflitos internos.

Menos reprimida, ela terá mais energia para cuidar de seu corpo, não só em termos estéticos, mas em relação à sua saúde geral, portanto, será mais saudável e forte.

Essa mulher terá tudo para ser mais realizada, porque não estará tão presa aos condicionamentos sociais. Ela saberá processar mais efetivamente sua experiência, buscando a maior exploração e compreensão de si mesma e do que vive.

Por isso, seu referencial para tomar decisões e buscar outros modos de vida será o seu mundo interior, independentemente das convenções e imposições sociais.

Como consequência, ela será mais livre e imprevisível, tornando assim mais difícil a sua manipulação ou controle. Terá um espaço cada vez maior para expressar e realizar o seu potencial humano.

Não será seguidora nem desejará seguidores, pois terá autonomia e, assim sendo, não precisará tanto de suporte ou endosso para sua vida.

Com relação ao companheiro, haverá mais cumplicidade e intimidade, em vez de competição e submissão. Sua relação com esse homem não será mais de dependência, mas de companheirismo. Cada um contribuirá para que a vida do outro seja plena.

Ela não precisará se submeter tanto ao homem, pois estará "com ele", não permitindo que sua vida seja conduzida "por ele" ou "por causa dele". Então, ela se tornará mais exigente, incentivando e encorajando, com seu modo de ser e de viver, o crescimento do parceiro.

Essa mulher já existe desde o tempo de minha avó, mas em número muito pequeno, emergindo na sociedade conservadora como rebelde e marginal.

Em suas relações interpessoais (trabalho, casamento, família, filhos) será mais compreensiva e tolerante. Saberá entrar em contatos cada vez mais íntimos e calorosos, com uma atitude construtiva, facilitando o aprofundamento da relação.

Saberá abrir espaço para o novo homem que virá com ela e abandonar alguns papéis considerados pelo machismo como "coisas de mulher". Fará isso com o outro porque será capaz de fazer isso consigo mesma.

Ela se libertará, portanto, de um comportamento condicionado, submisso e de vítima para um jeito de ser ativo e autônomo, capaz de atingir seus objetivos com garra e determinação. Mas sem descuidar da essência de seus encontros e relações. Ela fará de cada um deles uma experiência única e especial.

Mulher

Ela estará sempre viva, itinerante, plena!

Será um ser luminoso e iluminado, transparente e forte, o modelo de vida para quem depender dela e para quem viver ao seu lado.

Seu compromisso, antes de tudo, será com a vida.

Uma verdadeira amazona do século XXI, ela trará em si, bem desenvolvidos, os hemisférios cerebrais direito e esquerdo, a iniciativa masculina e a sensibilidade feminina, o *yang* e o *yin*, Marte e Vênus, Sol e Lua, explorados em seu potencial máximo no equilíbrio laborioso e ágil.

Aos 60 anos, com 35 anos de experiência clínica, atendendo em São Paulo, no Rio de Janeiro e em Curitiba, fui entrevistado por uma jornalista que me fez a seguinte pergunta:

— O que querem as mulheres...

... pós-feminismo?

... pós-pílula?

... pós-aids?

... pós-suspensão da menstruação?

... pós-prevenção do câncer ginecológico?

... pós-reposição hormonal?

... pós-longevidade de 80 anos?

... pós-botox?

... pós-cirurgia plástica?

... pós pós-graduação?

... pós-MBA?

Minha resposta foi: — Não me atrevo.

Mas gostaria que você, mulher, respondesse: quem é mais escravo das imposições socioculturais? A muçulmana que não pode mostrar nem os olhos ou a brasileira que tem de se mostrar milimetricamente perfeita na praia todos os verões?

Carta aberta a uma grande mulher

Basel, Suíça, primavera de 1995

Minha querida avó,

Esta é uma cidade que você adoraria conhecer. Da janela desse hotel florido, vejo alguns bondes desfilando, indiferentes. Cenários que me trazem sua imagem. Você levou e deixou tanta vida!

Em um cochilo solitário, sonhei-te esta tarde.

Amanhã, vou falar para uma grande e seleta plateia de médicos europeus. Você ficaria orgulhosa do seu neto.

Vou usar o terno preto. Aquele que você comprou com suas economias para a minha formatura. Está velho, mas me dá sorte. Ainda guardo, no bolso dele, o santinho de São Jorge que carinhosamente você escondeu ali para me proteger.

Que grande fé habitava em seu coração! Ali rezou tantas rezas por seus filhos e netos.

E com que sabedoria seu amor amou!

Hoje, minha avó, tenho a convicção de que todas as crianças deveriam ser criadas pelas avós.

De onde você tirava tanta força?

Eu bebia da sua fonte de esperança e me nutria da sua luz.

Você simbolizava a aceitação natural do transcorrer das estações, da vida e da morte. Encarnava o acolhimento aberto a todos. E valorizava, de maneira ingênua, pequenos nadas que revelavam a alegria das trocas afetivas.

Que saudades de você! Saudade lateja e pulsa. É um tormento!

Como foi difícil sentir sua morte próxima. Ali, no seu leito de viúva, seu olhar nunca expressou tanta paz e serenidade.

Hoje, aqui exilado, vejo pombos planando e escrevendo no azul do céu.

Ela está morta.

Mulher

Parem todos os relógios, cortem todos os telefones, silenciem os trovadores.

Ela era meu centro. Tal qual um elétron, eu rodopiava em torno do núcleo do seu coração.

Pensava que essa mulher fosse eterna. Triste e doce realidade.

Embrulhem a lua, empacotem o sol, colham uma dúzia das mais lindas estrelas para ela.

Lavem os meus olhos e arranquem essa dor do meu peito.

Você foi embora. E preciso aprender a amar você na sua ausência.

Encontro você no abraço e no sorriso dos meus filhos. Na canção de ninar, no cheiro de capim-gordura, na bola de meia. No jogo de botão e no mingau de chocolate. Na sopa de feijão e nas histórias de Pedro Malazarte. No arco-íris e no banho de cachoeira. Na aceitação incondicional do branco e do negro. Nos filhos adotivos e no maldito cigarro. Na hipocondria e na poesia.

No canto e no desencanto. E no último estágio do desenvolvimento amoroso que é a gratidão.

Sonhei-te sentada em um jardim cercado de pinheiros, em doce postura, ouvindo de um velho monge fórmulas mágicas para imobilizar o tempo, dar voz aos lírios e transformar a distância em proximidade.

Sonhei-te toda de branco, escalando montanhas, em busca de uma muda de hortênsias douradas.

Viva e itinerante.

Você me ensinou a respeitar a sabedoria e a força da mulher.

Agradeço o privilégio e a honra de nessa vida ter sido seu neto.

Prometo, vou tentar repassar aos meus a régua e o compasso.

E, para que eu não me esqueça dos dias que vivemos intensamente, hoje, à sua maneira, acenderei uma vela quando o sol se puser e, na luz dela, sei que verei você.

Beijos,
Malcolm,
eterno aprendiz do seu amor.

Bibliografia

ALMEIDA, M. Isabel. *Maternidade*: um destino inevitável? Rio de Janeiro: Campus, 1987.

ANJOS, J. V. *Alma brasileira*. São Paulo: Saraiva, 1995.

_____. *Para você, com amor*. São Paulo: Gente, 1996.

BEAUVOIR, Simone de. *O segundo sexo*. Rio de Janeiro: Nova Fronteira, 1990.

BERG, G.; HAMMAR, M. *The Modern Management of the Menopause*. Nova York/Londres: Parthenon, 1995.

BERNSTEIN, A. E. *The Psychodynamic Treatment of Women*. Psychiatric Press, Washington D.C., 1995.

BITZER, J. *Psychosomatic International Congress*. Basel: Manduzzi, 1995.

_____; STAUBER, M. *Advanced Psychosomatic Research in Obstetrics and Gynaecology*. Nova York: Springer, 1991.

_____. *Psychosomatic Obstetrics and Gynaecology*. Nova York: Springer, 1994.

_____. *Advanced Research in Psychosomatic Obstetric and Gynaecology*. Leuver: Vitgevers Peeters, 1995.

BUARQUE, Chico. *Letra e música*. São Paulo: Companhia das Letras, 1989.

Mulher

BUCHELI, R.; DUSSAN, A. *Advances in Contraception.* Netherlands: Kluwer Ac. Pub, 1994.

BURGER, H.; BOULEZ, M. M. *A Portrait of the Menopause.* Nova Jersey: Parthenon, 1990.

CARKHUFF, Robert. *A arte de ajudar.* Belo Horizonte: Sed, 1991.

CARRENTER, S.; ROCK, J. *Pediatric and Adolescent Ginecology.* Nova York: Raven Press, 1991.

CAVALCANTI, Ricardo. *A história natural do amor.* São Paulo: Gente, 1995.

CORRÊA, A. C. O. *Envelhecimento, depressão e doença de Alzheimer.* Belo Horizonte: Health, 1996.

COUTINHO, E. *Menstruação, a sangria inútil.* São Paulo: Gente, 1996.

COUTINHO, E.; SPÍNOLA, P. *Progress in the Management of Endometriosis.* Nova York: Parthenon, 1995.

CUTLER, W. *Hysterectomy – Before and After.* Nova York: Harper Collins Pub., 1990.

DIAS, E. N. et al. *Mastologia atual.* Rio de Janeiro: Revinter, 1994.

DRUMMOND DE ANDRADE, C. *A rosa do tempo.* Rio de Janeiro: Record, 1995.

_____. *Amor natural.* Rio de Janeiro: Record, 1992.

DUBY, G.; PERROT, M. *História das mulheres.* São Paulo: Edições Afrontamento-Ebradil, 1994.

ESTÉS, Clarissa P. *Mulheres que correm com os lobos.* Rio de Janeiro: Rocco, 1996.

FISHER, H. *Anatomy of Love.* Nova York/Londres: Norton Company, 1992.

_____. *Por que amamos.* Rio de Janeiro: Record, 2006.

_____. *The Sex Contract.* Nova York/Londres: Norton Company, 1990.

FRIEDMAN, Richard. *Behavior and the Menstrual Cycle.* Nova York: Marcel, 1982.

GAIARSA, J. A. *Amores perfeitos.* São Paulo: Gente, 1994.

Bibliografia

GIKOVATE, F. *Drogas*: opção de perdedor. São Paulo: Moderna, 1994.

_____. *Nós, os humanos*. São Paulo: MG, 2009.

GLASS, S. *Clinical Gynecology, Endocrinology and Fertility*. Baltimore: Williams & Williams, 1995.

GOFFI, P. S. *Assistência ao parto*. São Paulo, 1978.

GORDON, Richard. *A assustadora história da medicina*. Rio de Janeiro: Ediouro, 1996.

HELMAN, Cecil. *Culture, Health and Ilness*. Oxford: Butterworth--Heinemann Ltd., 1994.

JABOR, Arnaldo. *Os canibais estão na sala de jantar*. São Paulo: Siciliano, 1993.

JUNG, C. G. *O homem e seus símbolos*. Rio de Janeiro: Nova Fronteira, 1964.

LANGER, M. *Maternidade e sexo*. Porto Alegre: Artes Médicas, 1978.

LEVIN, Diane. *A infância perdida*. São Paulo: Gente, 2009.

LOBO, Rogério. *Treatment of the Post Menopausal Woman*. Nova York: Raven Press, 1994.

LOPES, G.; TORRES, L.; MONTGOMERY, M. *Patologia e terapia sexual*. Rio de Janeiro: Medsi, 1994.

LOPES, G.; GOODSON, L.; CAVALCANTI, S. *Sexologia e ginecologia*. Rio de Janeiro: Medsi, 1995.

LOPES, G.; MAIA, M. *Sexualidade e envelhecimento*. São Paulo: Saraiva, 1994.

LOPES, G. *Sexualidade humana*. Rio de Janeiro: Medsi, 1990.

MACHADO, V. Lucas. *Ginecologia endócrina*. Rio de Janeiro: Med Book, 2010.

_____. *Hormônio e câncer de mama*. Rio de Janeiro: Med Book, 2010.

MARINHO, Ricardo. *Climatério*. Rio de Janeiro: Medsi, 1995.

MEAD, M. *Sexo e temperamento*. São Paulo: Perspectiva, 1976.

MIRANDA, Clara Feldman. *Atendendo o paciente*. Belo Horizonte: Crescer, 1996.

Mulher

MORRIS, Desmond. *Human Zoo.* Londres: Triad Grafton Books, 1981.

_____. *Intimate Behavior.* Londres: Triad Grafton Books, 1974.

_____. *The Naked Ape.* Londres: Triad Grafton Books, 1971.

MONTGOMERY, M. *À flor da pele*: a luta de um médico para ajudar mulheres a lidar com o abuso sexual. São Paulo: Celebris, 2005.

_____. *A mulher e seus hormônios...* Enfim, em paz! São Paulo: Integrare, 2006.

_____. *E eles cantam as mesmas canções.* São Paulo: Integrare, 2008.

_____. *o novo pai.* Rio de Janeiro: Prestígio, 2005.

_____. *Toques ginecológicos.* São Paulo: Celebris, 2003.

_____. *Uma breve história do relacionamento amoroso.* Rio de Janeiro: Prestígio, 2006.

MURARO, R. M. *A mulher do terceiro milênio.* Rio de Janeiro: Rosa dos Tempos, 1992.

_____. *Os seis meses em que fui homem.* Rio de Janeiro: Rosa dos Tempos, 1990.

NABHOLZ, M.; BARROS, V. *As faces eternas do feminino.* São Paulo: Triom, 1996.

NAUD, Paulo. *DST e aids.* Porto Alegre: Artes Médicas, 1993.

NORONHA, D.; LOPES, G.; MONTGOMERY, M. *Tocoginecologia psicossomática.* São Paulo: Almed, 1993.

PAGLIA, Camille. *Personas sexuais.* São Paulo: Companhia das Letras, 1992.

_____. *Sexo, arte e cultura americana.* São Paulo: Companhia das Letras, 1993.

_____. *Vampes e vadias.* Rio de Janeiro: Francisco Alves, 1995.

PECCI, João Carlos. *Vinicius sem ponto final.* São Paulo: Saraiva, 1994.

_____. *Ramo de hortênsias.* São Paulo: Valer, 1986.

PEREZ, Julio. *Trauma e superação.* São Paulo: Rica, 2009.

PODKIN, D.; REDDLE, L. S. *Women's Health Today.* Nova York: Parthenon, 1995.

Bibliografia

RIBEIRO, M. *Educação sexual*. Rio de Janeiro: Rosa dos Tempos, 1993.

RODRIGUES, G.; BARACAT, E. *Ginecologia endócrina*. São Paulo: Atheneu, 1995.

SALES, J. M. et al. *Tratado de assistência pré-natal*. São Paulo: Roca, 1989.

SASSON, Jean. *Princesa*. São Paulo: Best Seller, 1992.

SERRUIER, Catarine. *Elogio às mães más*. São Paulo: Summus, 1993.

SILVA, A. C. *Terapia do sexo e dinâmica do casal*. Rio de Janeiro: Espaço e Tempo, 1989.

SOMERS, Suzanne. *Ageless:* the naked true about bioidentical hormones. Nova York: Crown Publishers, 2006

STEWART, D.; STOTLAND, N. *Psycological Aspects of Women's health care*. Washington D.C.: APA Press, 1995.

SYMONS, Donald. *The Evolution of Human Sexuality*. Oxford: Oxford University Press, 1981.

TANNAHIL, R. *Sex in History*. Chelsea: Scarborough House Publishers, 1992.

TIBA, Içami. *Adolescência, o despertar do sexo*. São Paulo: Gente, 1994.

_____. *Adolescentes: Quem ama educa!*. São Paulo: Integrare, 2010.

_____. *Disciplina, limite na medida certa:* novos paradigmas. São Paulo: Integrare, 2006.

VINHA, V. *Projeto aleitamento materno*. São Paulo: Sarvier, 1994.

VITIELLO, Nelson. *Reprodução e sexualidade*. São Paulo: Leich, 1995.

WRIGHT, Robert. *The Moral Animal*. Nova York: Panteon Books, 1994.

ZAGURI, Tânia. *O adolescente por ele mesmo*. Rio de Janeiro: Record, 2006.